BUREAU INTERNATIONAL DU TRAVAIL
SOCIÉTÉ DES NATIONS
LEAGUE OF NATIONS
INTERNATIONAL LABOUR OFFICE

STATUT INTERNATIONAL DES MARINS

COMMUNICATION ADRESSÉE
AUX GOUVERNEMENTS
PAR
LE BUREAU INTERNATIONAL DU TRAVAIL

GENÈVE
BUREAU INTERNATIONAL DU TRAVAIL
MCMXXI

STATUT INTERNATIONAL DES MARINS

COMMUNICATION ADRESSÉE
AUX GOUVERNEMENTS
PAR
LE BUREAU INTERNATIONAL DU TRAVAIL

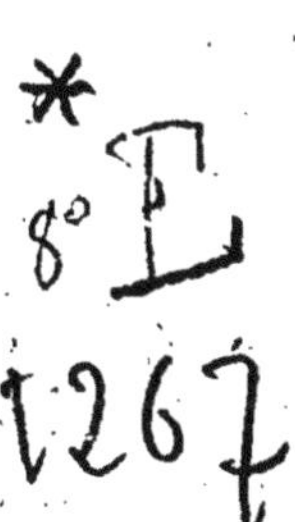

GENÈVE
BUREAU INTERNATIONAL DU TRAVAIL
MCMXXI

STATUT INTERNATIONAL DES MARINS

INTRODUCTION

Au cours de sa seconde session, tenue à Gênes du 15 juin au 10 juillet 1920, la Conférence internationale du Travail a adopté une résolution demandant au Bureau international du Travail de procéder aux enquêtes nécessaires pour établir un statut international des marins.

Au cours de la même session, la Conférence a également adopté une recommandation invitant chacun des Membres de l'Organisation internationale du Travail à incorporer dans un statut des marins toutes les lois et réglementations relatives aux marins, considérés comme tels.

C'est pour aider à l'accomplissement de cette double tâche que la présente brochure a été rédigée. Elle a pour objet de porter à la connaissance des Gouvernements ce que le Bureau international du Travail a déjà fait pour l'exécution des enquêtes qui lui ont été demandées et pour la préparation méthodique d'un projet de statut international des marins. Elle tend en second lieu à mettre à la disposition des mêmes Gouvernements, sous la forme la plus commode possible, toutes les informations recueillies jusqu'à ce jour et qui peuvent leur être utiles pour la codification de toutes leurs lois ou réglementations nationales relatives aux marins.

C'est à cet effet que nous avons réuni ici, dans leur ordre chronologique, tous les documents qui se rapportent à la question de l'établissement d'un statut international des marins. Nous avons groupé ainsi :

1° Le Questionnaire adressé aux Gouvernements avant la session de la Conférence de Gênes;

2° Les opinions exprimées par les Gouvernements en ce qui concerne la possibilité d'établir un statut international des marins et les principes qui devaient leur servir de base ;

3° Le rapport de la Commission instituée par la Conférence pour étudier cette question;

4° Le compte rendu résumé de la discussion qui eut lieu en séance plénière et le texte définitif de la Résolution et de la Recommandation adoptées par la Conférence;

5° Le compte rendu de la première session de la Commission Maritime Paritaire au cours de laquelle a été discutée la méthode à suivre par le Bureau internationnal du Travail pour la préparation d'un projet de code.

Nous avons joint en annexe à cette première série de documents :

1° Pour le cas où ce document pourrait être utile aux divers Gouvernements pour la préparation de leur code national du travail maritime que la Recommandation de Gênes les invite à établir, le rapport et le projet de statut rédigés par la Commission qui a siégé pour cet objet en France de 1913 à 1914.

2° Une notice historique sur les premiers codes maritimes;

Les Gouvernements seront ainsi informés de tout le travail préparatoire qui a été accompli par le Bureau.

Comme nous l'indiquons dans une brève conclusion à la page 60, nous leur demandons de nous aider à poursuivre, conformément à la Résolution adoptée par la Conférence de Gênes, l'œuvre ainsi inaugurée. Nous leur demandons en particulier, pour nous permettre de rédiger le rapport demandé par la Conférence de Gênes et qui doit être présenté à la Conférence générale prochaine en octobre 1921, de nous faire connaître quelles sont les mesures déjà prises ou envisagées par eux en vue de l'établissement des codes nationaux prévus.

Nous leur demandons également de nous faire connaître leur opinion et leurs observations sur la méthode de travail adoptée par le Bureau international du Travail.

Enfin, nous leur demandons de nous faire connaître toutes suggestions utiles qu'ils estimeront opportun de nous communiquer sur ce sujet.

Nous tenons à préciser qu'il ne s'agit là que d'un travail préparatoire, mais dont nous avons tenu à informer les gouvernements.

C'est au Conseil d'administration du Bureau international du Travail lui-même qu'il appartiendra, conformément au Traité de Paix, de décider, en fixant l'ordre du jour d'une Conférence, quelles matières susceptibles de figurer dans un statut international des marins pourront être inscrites en première ligne à cet ordre du jour pour l'adoption de projets de Conventions et de Recommandations tendant à favoriser la codification internationale de la législation maritime ou à établir quelques parties du code international des marins.

A ce moment, le Bureau international du Travail, selon la procédure accoutumée, adressera aux Gouvernements un questionnaire détaillé relatif aux questions inscrites à l'ordre du jour.

Mais nous avons pensé qu'il était opportun de tenir les Gouvernements renseignés au jour le jour de tous les travaux préparatoires. C'est par cette seule méthode que nous pourrons éviter toute surprise et tous inconvénients.

CHAPITRE I

ATTITUDE DES GOUVERNEMENTS

L'ordre du jour de la seconde session de la Conférence internationale du Travail, arrêté par le Conseil d'administration au cours de sa séance du 27 janvier 1920, à Paris, contenait la question suivante : « Possibilité d'établir un statut international des marins ».

Conformément à la procédure déjà adoptée pour la préparation de la Conférence de Washington, le Bureau international du Travail prépara des questionnaires relatifs aux divers problèmes figurant à l'ordre du jour et les adressa aux Gouvernements.

Le questionnaire relatif à la possibilité d'établir un statut international des marins était ainsi conçu :

1. Estimez-vous possible d'établir une sorte de statut international des marins?

2. Dans l'affirmative, quels seraient, selon votre Gouvernement, les principes généraux d'un Code Maritime International en ce qui concerne la condition des marins ?

En particulier, le contrat du travail des marins doit-il être ou non assimilé au contrat de travail de tous les ouvriers, par exemple, pour la discipline, le droit d'abandonner le bateau dans un pays étranger, le paiement des salaires avant le débarquement, etc. ?

N.-B. — Le Conseil d'administration du Bureau international du Travail, dans la séance du mois de janvier où il a réglé l'ordre du jour d'où procède ce questionnaire, a été saisi de cette importante question.

Il a estimé qu'elle était tellement vaste et qu'elle touchait à tant d'autres problèmes que la prochaine Conférence internationale ne pourrait sans doute pas la résoudre.

Mais il a cru nécessaire de la retenir pour un examen général.

Le Bureau vous serait reconnaissant, pour la préparation du travail ultérieur, de lui envoyer dès maintenant sur ce sujet la documentation la plus abondante, en particulier sur les points susceptibles de donner ultérieurement lieu à des conventions.

Les réponses reçues des Gouvernements ont été résumées dans un rapport préparé par le Bureau et qui a été soumis à l'examen de la Conférence.

Dans leurs réponses, les différents Etats se rangèrent pour la plupart à l'opinion du Conseil d'administration, et l'avis général sembla être que, s'il n'y avait pas d'obstacles insurmontables empêchant l'établissement d'un code maritime international, les temps n'étaient pas encore favorables à la discussion détaillée du projet, à cause de la variété et de la complexité des problèmes qu'il implique.

Par suite, les différents Gouvernements n'essayèrent pas d'indiquer en détail quels devraient être, selon eux, les principes généraux d'un code maritime international quoiqu'en certains cas ils eussent exprimé leur attitude à l'égard de quelques-uns des importants problèmes que pose la question.

Les réponses reçues des Gouvernements ont été reproduites *in extenso* dans le rapport présenté à la conférence et sont publiées ci-après.

1. *POSSIBILITE D'ETABLIR UN STATUT INTERNATIONAL*

Allemagne

Le Gouvernement allemand exprima l'opinion que l'établissement d'une sorte de statut international des marins n'était pas possible pour le moment.

Etats-Unis d'Amérique

Voici l'opinion du Gouvernement des Etats-Unis :

« La loi américaine sur les marins, qui ressemble beaucoup à un code, montre qu'il est possible d'établir un statut international des marins. »

République Argentine

Le Gouvernement de la République Argentine exprima l'avis que l'établissement d'une sorte de statut international des marins était possible.

Belgique

Le Gouvernement belge exprima l'opinion suivante :

« Il est certainement possible, et il sera nécessaire d'établir un statut international des marins qui réglementera les conditions du travail, les questions d'effectif, de logement, de contrat, etc. »

Espagne

Le Gouvernement espagnol a fait la réponse suivante :

« Quand le Conseil d'administration du Bureau international du Travail s'est réuni à Paris pour préparer l'ordre du jour de la Conférence sur les marins, le délégué anglais a voté contre l'adoption de cette clause. Le délégué espagnol, considérant non seulement la signification de cette attitude, imitée par le délégué belge, mais aussi l'importance et la complexité des autres mesures à examiner, telles que la limitation de la durée du travail, l'interdiction de l'emploi des jeunes gens au-dessous d'un certain âge, la question des salaires, a exprimé l'opinion que la considération et la discussion d'un sujet aussi important que l'établissement d'un statut international des marins devraient être remises à une date ultérieure ; du reste, ce serait se faire des illusions que d'imaginer que pour la première fois on ira beaucoup plus loin que de définir et poser la question ; il y aurait donc avantage à en différer l'examen, ce qui donnerait plus de temps pour traiter avec toute l'ampleur désirable le problème complexe soulevé par la définition qui présente le marin comme un travailleur industriel et attire l'attention sur un groupe social ignoré.

Le délégué espagnol ayant donc à la séance en question voté contre l'adoption de cette clause, sans indiquer par là qu'il ne croyait pas à la possibilité d'établir un statut de ce genre au moment voulu — et il est à noter que le délégué de la République Argentine a exprimé une opinion concurrente — il ne serait ni convenable ni utile d'aborder maintenant l'examen d'un problème aussi important. Nous devons nous borner, après étude approfondie de la question, à approuver l'attitude prise par notre délégué quand il s'est rangé à l'avis de l'Angleterre et de la Belgique, sans vouloir nier plus que lui la possibilité d'établir un code international, et à maintenir, en la présente occasion, notre attitude de réserve ; nous nous abstiendrons donc d'exprimer une opinion nettement formulée sur le sujet qui fait le fond de la question. »

Finlande

L'opinion exprimée par le Gouvernement de Finlande fut la suivante :

« Si l'on considère les grandes différences qui existent entre les différents continents et les Etats indépendants qu'ils renferment, non seulement sous le rapport du climat, des ressources naturelles, de la richesse nationale, des industries principales et du développement du pays, mais encore en ce qui concerne le caractère national, les mœurs, la morale et la législation, il ne semble guère opportun — à supposer même que cela soit possible — d'essayer d'établir une législation internationale détaillée sur la question des marins. Il faudrait se borner à définir des principes généraux comme ceux qui ont été discutés dans les pages qui précèdent. »

France

Le Gouvernement français répondit comme suit :

« L'établissement d'un statut international des marins peut se justifier, soit par l'intérêt des armateurs dont les charges de salaires et autres accessoires se trouvent égalisées, soit par l'intérêt des marins qui bénéficient d'un même règlement de travail, toutes considérations éminemment propres à créer un heureux équilibre essentiellement favorable au développement de l'industrie des transports maritimes et, partant, à l'amélioration des rapports économiques mondiaux. La France aurait, d'ailleurs, plus que toute autre puissance maritime, un intérêt primordial à unifier le statut des gens de mer. Il est, en effet, de vérité courante que les charges qui sont imposées à l'armement français par la législation nationale sont, en général, notablement plus élevées que les charges similaires qui sont imposées aux autres armements maritimes par leurs législations respectives ; conséquemment tout accord international qui aurait pour objet de rapprocher les législations étrangères de la législation française diminuerait l'écart pécuniaire qui sépare aujourd'hui les budgets d'exploitation des armateurs français et des armateurs étrangers et fortifierait d'autant la position de la marine marchande française dans la lutte de la concurrence mondiale.

« Le statut des marins embrasse un nombre considérable de droits ou d'obligations dont les parties créancières ou débitrices sont tantôt l'armateur, tantôt le marin et tantôt l'État, qui dérivent soit de l'exécution purement privée du contrat d'engagement maritime, soit de l'action exercée par l'État, au nom de l'ordre public, dans l'exploitation du navire ou dans la vie professionnelle du marin. Nous relèverons ainsi, notamment : 1° dans le domaine de l'exécution du contrat d'engagement, et en dehors des règles propres à la formation, à la constatation et à la terminaison du contrat d'engagement, les obligations incombant à l'armateur et relatives au paiement du salaire dû au marin (avec les questions liées du décompte, des lieux et époques du paiement, de la consignation, de la suspension et de la rétention des salaires, des paiements d'avances et d'acomptes, de la restitution des avances, des délégations sur salaires, des dettes des marins, saisies et cessions de salaires et accessoirement, des compétence, procédure, prescription, etc., des litiges relatifs à l'exécution du contrat d'engagement maritime, à la fourniture au marin embarqué d'une alimentation et d'un matériel de couchage appropriés au voyage entrepris, ou, à défaut, à l'allocation de toute indemnité équivalente ; aux soins et salaires à donner aux marins tombés malades ou blessés au service ou à l'occasion du service du navire, et à la remise du marin débarqué dans le lieu de son embarquement ou, tout au moins, dans un port continental métropolitain (rapatriement et conduite) et les obligations incombant au marin et relatives à l'exécution du travail pour lequel il a loué ses services ; et 2° dans le domaine de l'action de l'État, les obligations incombant à l'armateur et relatives à l'observation par l'armateur des règles concernant les réglementations du travail, des effectifs, de la sécurité nautique du bâtiment, de l'aménagement, de l'habitabilité et de la salubrité des locaux, de l'alimentation des équipages, les obligations incombant au marin et relevant, pour leur inexécution, du statut disciplinaire et pénal des gens de mer, et les obligations incombant à l État, puissance publique, dans l'établissement et le bon fonctionnement des réglementations intéressant le placement et le chômage des travailleurs maritimes, l'enseignement professionnel maritime à donner aux candidats navigateurs et la délivrance des brevets et diplômes habilitant leurs titulaires à exercer, à bord des navires, les fonctions du commandement, la solution, par voie de conciliation ou d'arbitrage, des conflits collectifs éclatant entre armateurs et marins et l'existence matérielle du marin devenu vieux ou tombé invalide dans le travail (assurance vieillesse normale ou prématurée, assurance accidents ou maladies professionnels, etc.) »

« On conçoit ainsi combien la question du statut international des marins, qui touche à tant de problèmes, d'ailleurs aussi complexes que nombreux, est ardue à solutionner. Dans les trois premières parties de son ordre du jour, la Conférence de Gênes a mis à l'étude les points particuliers des heures de travail, des effectifs et du logement (question n° 1), du contrat d'engagement, du placement, de la prévention et de l'assurance contre le chômage (question n° 2), et de la protection à donner aux enfants (question n° 3), mais il restera encore sur le bureau une masse de problèmes tellement vastes que la Conférence se trouvera dans l'impossibilité d'apporter, à chacun d'eux, une solution définitive et devra se tenir à de simples échanges de vues destinés à déblayer un terrain trop chargé et à préparer l'avenir. »

« D'ailleurs, la recherche méthodique et *a priori* d'un statut international des marins exigerait la connaissance préalable de l'ensemble des règles édictées, à cet égard, par les législations nationales des principales puissances maritimes, connaissance qui permettrait de rapprocher et de comparer les divers statuts mondiaux et, partant, d'édifier une législation commune, sorte de composante des législations particulières qui, tout en tenant compte des contingences spéciales à chaque pays et en sauvegardant les intérêts vitaux des armements nationaux, réunirait dans ses dispositions les mesures jugées les plus propres à « assurer le bien-être physique, moral et intellectuel des travailleurs de la mer » (Traité de paix, partie XIII, Principes généraux). Or, le Gouvernement français ne possède pas, sur le détail des législations maritimes étrangères, une documentation suffisante pour arriver à émettre, sur la plupart des points qui se rattachent à la question posée, un avis ferme et autorisé. »

Grande-Bretagne

L'attitude du Gouvernement britannique fut ainsi définie :

« La possibilité d'établir un statut international des marins dépend de la bonne ou de la mauvaise volonté que mettront les pays maritimes à s'entendre tous pour adopter et faire exécuter les dispositions d'un statut raisonnable et approprié. »

« Les principes généraux d'un code maritime international en ce qui concerne la condition des marins ne peuvent pas être énoncés avant que les grandes questions n'aient été examinées par le Conseil maritime national. »

« Par suite de la grande diversité des conditions dans lesquelles s'effectue la pêche sur mer dans les différents pays, la proposition d'établir un statut international des pêcheurs de mer se heurterait à de graves difficultés. »

Grèce

L'opinion du Gouvernement de la Grèce fut la suivante :

« L'établissement d'un statut international réglant d'une manière uniforme les conditions du travail des marins est un projet d'exécution fort difficile. Le Gouvernement hellénique n'ignore pas le mouvement qui s'est manifesté depuis plusieurs années dans le monde des gens de mer, dont la tendance est d'établir des conditions de travail qui puissent améliorer la situation générale des marins en l'assimilant en plus d'un sens à celle des ouvriers à terre ; mais si le Gouvernement est très disposé à encourager les efforts des gens de mer pour atteindre leur but, il doit de toute nécessité tenir compte des différences essentielles qui existent entre le travail des ouvriers à terre et le service des marins. Aussi, il partage complètement l'opinion exprimée par le Bureau international du Travail, à savoir que la prochaine Conférence ne pourrait pas résoudre une question si vaste et qui touche à tant de problèmes, mais qu'elle pourrait en tout cas préparer le terrain et tracer une ligne de démarcation entre le travail effectué sur mer et le travail effectué sur terre. Le Gouvernement hellénique se réserve le droit de soumettre ses vues à la Conférence dans un mémoire spécial. »

Norvège

Le Gouvernement norvégien exprima l'opinion suivante :

« Le Gouvernement ne veut pas dire pour le moment qu'il est impossible d'établir un code de ce genre, mais considère qu'il sera très difficile de mettre l'idée à exécution. »

« Il peut y avoir intérêt à faire connaître que depuis quelques années, la Norvège coopère avec les autres pays scandinaves pour une entreprise dont la portée est analogue. Dès 1893, la loi maritime norvégienne du 20 juilet de cette année a été préparée en collaboration avec la Suède et le Danemark. Il y a bien quelques minimes différences qui regardent l'équipage, dans les dispositions de la loi, mais dans l'ensemble la législation des trois pays est sur ce point uniforme. Et la coopération n'a pas cessé et dure encore en ce moment où l'on est en train de reviser la loi. Dans ce but on a créé une commission mixte formée de délégués de chacune des trois nations et de la Finlande. La Commission, il est vrai, n'a pas encore fait connaître ses recommandations; mais elle suggérera probablement que les règlements qui concernent l'équipage soient mis à part de la loi maritime et soient compris dans une *loi spéciale concernant les marins.* »

« La coopération scandinave dans le champ de la loi maritime a donné jusqu'à présent de bons résultats et, comme il a été indiqué plus haut, elle ne cessera pas. Nous ferons remarquer toutefois que cette coopération a été singulièrement facilitée par le fait que les Norvégiens, les Suédois et les Danois sont des peuples unis par des liens de parenté étroite. La langue de chacune de ces nations n'est pas tellement particulière que les deux autres ne puissent les comprendre. Leur idée des formes de la justice est à peu près la même. »

« Il faut donc se garder d'invoquer trop vite le précédent de cette coopération, quand il s'agit d'en étendre le bénéfice à toutes les nations. Nous craignons que l'élaboration minutieuse d'un statut international des marins ne se heurte dans la pratique à de bien grandes difficultés. Si l'idée d'une législation maritime internationale doit prendre corps un jour, la meilleure méthode pour y arriver ne serait donc sans doute pas de préparer un code valable pour toutes les nations, mais d'adopter une convention internationale qui se bornerait à définir et à poser certains principes généraux et en laisserait l'application pratique aux législations nationales des différents Etats. »

Pays-Bas

Le Gouvernement des Pays-Bas exprima l'opinion suivante :

« Le Gouvernement des Pays-Bas considère que le moment n'est pas encore venu d'établir une sorte de statut international des marins. En général, les conventions collectives ne sont pas encore suffisamment entrées dans la pratique. »

Suède

Le Gouvernement suédois exprima l'opinion suivante :

« Un statut international des marins, sous la réserve de certaines conditions préliminaires, n'est pas impossible. »

« Toutefois, il ne devrait s'appliquer qu'aux navires armés au long cours, à l'exclusion des navires de cabotage et des navires employés à la navigation intérieure. Et même à s'en tenir à la navigation au long cours, des règlements internationaux pourraient bien ne pas convenir en toutes circonstances : il faudrait les limiter à certains sujets spécialement choisis. En cherchant à résoudre ce problème, il importe beaucoup, semble-t-il, de procéder par échelons, car l'établissement de lois internationales, qui peut avoir une portée incalculable, doit être précédé par un examen minutieux et attentif de toutes les questions qui sont impliquées dans ce problème. »

2. PRINCIPES GENERAUX D'UN CODE MARITIME INTERNATIONAL

— L'attitude des gouvernements à l'égard de cette question se manifesta dans les réponses suivantes :

Etats-Unis d'Amérique

La réponse des Etats-Unis fut la suivante :

« Les nécessités du service maritime exigent que les marins embarqués soient soumis à une discipline plus stricte que les autres travailleurs industriels. On doit distinguer entre le service du bord en mer et le service du bord dans un port abrité. Dans le premier cas, des peines appropriées doivent être prévues pour obtenir l'obéissance de la part des marins et une fidèle exécution de leur service ; mais dans un port abrité, les marins ne doivent avoir d'autres obligations que celles qui, d'après la loi ordinaire, incombent aux autres classes d'ouvriers. Il doit être interdit en toutes circonstances de payer des salaires qui n'ont pas encore été gagnés. Les autres principes qui doivent servir à fonder un code international devraient être ceux qui sont à la base des lois sur les marins actuellement en vigueur dans les Etats-Unis. Ces lois sont rassemblées commodément, sous forme de code, dans le Bulletin du Bureau de Navigation des Etats-Unis (Département du Commerce) intitulé « Lois maritimes des Etats-Unis, 1919 ».

République Argentine

Le Gouvernement de la République Argentine, dans la réponse envoyée à cette partie du questionnaire, traita seulement la question des compensations en cas d'accident, et il indiqua que, dans la République Argentine, c'était un principe reconnu qu'en cas d'accident survenu en cours de travail, la compensation qui, conformément à la loi 9688, est accordée aux travailleurs industriels, est aussi celle qu'on accorde aux marins. »

Belgique

Le Gouvernement belge a présenté la réponse suivante à la question :

« Il est impossible d'assimiler le contrat des marins au contrat des travailleurs industriels. On est universellement d'accord qu'une stricte discipline est indispensable à bord pour la sécurité de la navigation. Quant au droit d'abandonner le navire dans un port étranger, tout le monde est d'avis que l'exercice de ce droit est presque impossible et causerait le plus grand tort à la fois au marin et à l'armateur. La question du payement des salaires au cours du voyage devrait être réglementée par une entente internationale. L'assurance contre le chômage forcé causé par la perte du navire devrait être obligatoire et on devrait la rendre uniforme pour tous les navires. La question de l'assurance des marins sur la vie et contre la perte de leurs biens devrait faire également l'objet d'un règlement international. »

France

Le Gouvernement français exprima son attitude dans la réponse suivante :

« Quelles seraient, selon le Gouvernement français, les principes généraux d'un code maritime international, en ce qui concerne la condition des marins. En particulier, le contrat de travail des marins doit-il être ou non assimilé au contrat de travail de tous les ouvriers, par exemple, pour la discipline, le droit d'abandonner le bateau dans un pays étranger, le paiement des salaires avant le débarquement, etc. ? » le Gouvernement français a répondu comme suit :

« D'une façon générale, et pour les motifs exposés dans la 1re question ci-dessus, le Gouvernement français ne pourra se décider sur les divers problèmes envisagés par le Bureau international du Travail qu'après que ces points particuliers seront venus en discussion au sein de la Conférence et que son opinion se sera éclairée et fortifiée par les renseignements documentaires, économiques et autres qu'il aura pu recueillir au cours des débats. »

« En ce qui concerne l'opportunité d'une unification des contrats de travail terrestre et maritime et sans préjuger de la solution définitive que le Gouvernement français donnera ultérieurement à cette question, il ne semble pas qu'il soit pratiquement possible et même souhaitable pour le bon rendement de l'exploitation des navires marchands, de créer une assimilation absolue et complète entre les ouvriers de terre et les ouvriers de mer. Ce problème a, déjà, été agité bien des fois par les armateurs français et par les marins, soit isolés dans leur congrès corporatif, soit réunis, avec toutes autres personnalités compétentes, au sein des conseils techniques gouvernementaux, et, s'il a toujours été reconnu utile de rapprocher, autant que faire se peut, les clauses des contrats de travail terrestre et maritime qui ne présentent aucun caractère de spécialité propre, les marins et leurs représentants qualifiés ont également toujours reconnu la nécessité de clauses spéciales au travail maritime, non seulement dans la matière disciplinaire et pénale qui demande à être régie par un code particulier parce que « le navire et les individus qui le montent forment une société particulière où l'unité d'action, la hiérarchie, le respect absolu de l'autorité, sont des nécessités d'ordre public qui doivent être assurés par des sanctions efficaces » (rapport Barbey, 1890), mais encore dans la matière même de la formation de la constatation et de la terminaison de l'engagement maritime. »

« En 1905 et en 1913, le Gouvernement français a mis à l'étude les deux importantes questions de la refonte du décret-loi disciplinaire et pénal de la marine marchande et des textes divers qui régissent l'engagement des gens de mer. Les discussions, très approfondies, intervenues, soit dans les commissions spéciales chargées d'élaborer les textes préparatoires, soit dans les Conseils techniques gouvernementaux chargés d'arrêter les textes définitifs à soumettre à l'approbation du Parlement ont abouti à l'établissement, en 1913 et en 1914, de deux projets *fermes*, qui reflètent encore exactement aujourd'hui l'équilibre d'idées auxquelles se sont arrêtés l'armement français, le prolétariat maritime et le Département de la Marine Marchande, et pourraient ainsi utilement servir de base à l'édification d'un statut contractuel et pénal des gens de mer. »

« Sans entrer dans les détails d'exécution des projets en cause, nous signalerons seulement la solution, assez complexe, mais très complète, donnée par l'art. 133 du projet de 1914 à la question particulièrement délicate de la délimitation de la période de service à la mer pendant laquelle aucune résiliation de l'engagement contracté par le marin ne doit produire effet, savoir : « Le marin ne peut, ni dans les ports français, ni dans les ports étrangers, user du droit de résilier son contrat, à partir du moment fixé par le capitaine du navire en partance pour le commencement du service par quart en vue de l'appareillage, sans que, toutefois, la faculté de quitter le service puisse lui être refusée plus de 12 heures avant le moment fixé pour l'appareillage, si le marin appartient au personnel du pont ou à celui des machines et si le navire est au port depuis plus de 48 heures ; plus de 4 heures avant le moment fixé pour l'appareillage, si le marin appartient à l'un de ces deux personnels et si le navire est au port depuis moins de 48 heures ; plus de 2 heures avant le moment fixé pour l'embarquement des passagers, si le marin appartient au personnel du service général. Le marin ne peut, ni dans les ports français, ni dans les ports étrangers, user du droit de résilier son contrat, avant le moment fixé par le capitaine du navire entré au port pour la cessation du service par quarts, sans que, toutefois, la faculté de quitter le service puisse lui être refusée plus de 4 heures après l'arrivée du navire au poste d'amarrage où le navire est en sécurité, si le marin appartient au personnel du pont ou à celui des machines ; plus de 2 heures après le départ des passagers, si le marin appartient au personnel du service général. La violation par le marin des dispositions des paragraphes précédents donne lieu indépendamment des indemnités pouvant être dues à l'armateur, à l'application des sanctions disciplinaires et pénales édictées par la loi. »

Grande-Bretagne

L'opinion suivante fut exprimée dans la réponse du Gouvernement britannique :

« *Pêche maritime.* — Les articles du titre IV de la loi sur la navigation marchande, qui traitent de l'engagement et de la libération des marins et de la discipline à bord des navires de commerce, ont donné de bons résultats dans la pratique et fourniraient un excellent cadre pour un code, si on veut en établir un.

« Quant au droit de quitter le bateau dans un port étranger, la question ne se pose guère dans le cas des bateaux de pêche. Un matelot appartenant à la marine de commerce pourra trouver du service à bord d'autres navires, mais un pêcheur, qu'il emploie la traille ou la roie, s'il abandonne son bateau dans un port de pêche du continent, se trouvera souvent complètement désemparé. »

« Il vaut mieux que le marin s'engage pour tout le voyage, mais au cours de certains voyages le contrat prévoit le droit pour le marin de réclamer sa libération à n'importe quel moment et à n'importe quel endroit, pourvu qu'il fasse connaître son intention dans un délai déterminé. »

« Il n'y a pas de système de payement de salaires avant la fin de l'engagement, mais le capitaine s'entend souvent avec les hommes pour leur avancer leur paye à ses risques et périls. »

Norvège

Le Gouvernement norvégien exprima l'opinion suivante :

« Les règlements norvégiens qui intéressent la question se trouvent dans la loi maritime de 1893 dont les extraits ont été donnés dans la réponse à la question 1. Toutefois, ces règlements n'ont peut-être pas ici tout l'intérêt désirable, car cette loi est un peu vieille et, d'autre part, une commission scandinave est occupée à la reviser. »

« Comme cette commission n'a pas encore remis son rapport, le Gouvernement norvégien n'est pas en état pour le moment de formuler des principes qui pourraient, le cas échéant, servir de base à un code international. Nous nous bornerons à signaler un seul cas qu'il serait très important pour la marine marchande norvégienne de voir réglementer par un accord international : nous voulons parler des contestations qui s'élèvent entre capitaine et équipage pendant que le navire est à l'étranger. »

« Dans le contrat prévu par la loi norvégienne (voir aussi sur ce point la réponse à la question II A et l'annexe 9), les parties contractantes s'engagent à soumettre provisoirement les contestations qui pourraient s'élever à propos de l'interprétation des clauses du contrat à la décision d'un consul norvégien, au lieu d'en saisir un tribunal étranger. Toutefois, nous avons éprouvé par expérience que cette clause n'est pas toujours respectée par les autorités étrangères et que les inconvénients les plus sérieux en résultent quand une affaire est jugée par un tribunal qui ne connaît ni la loi norvégienne ni l'idée que se font les Norvégiens des formes de la justice. »

« C'est pourquoi, nous regarderions comme très désirable que ce cas fût réglementé par un accord international, et nous poserions en principe qu'aucune contestation entre capitaine et équipage ne devrait être portée devant le tribunal d'un port étranger où le navire serait par hasard stationné. »

Pays-Bas

Le Gouvernement des Pays-Bas a fait la réponse suivante à la question :

« Conformément à ce qui a été dit plus haut (voir page 87), cette question doit rester sans réponse. Mais on peut faire observer que les conditions spéciales dans lesquelles travaillent les navires exigent que les contrats qui sont conclus avec eux renferment des dispositions spéciales. »

Suède

L'opinion du Gouvernement suédois sur le point en question fut la suivante :

« Les sujets qui semblent d'entrée de jeu se prêter le mieux à une codification internationale sont ceux qui sont énumérés aux paragraphes A, B et C de la première question placée à l'ordre du jour et qui traitent des *heures de travail*, des *effectifs* et du logement. »

« Un autre point où la possibilité d'une réglementation internationale a déjà été démontrée par plusieurs conventions, c'est la question de l'*aide à porter aux marins malades et indigents* abandonnés à l'étranger et la question de leur rapatriement. »

« Il semble qu'il y aurait avantage à s'occuper immédiatement de ces questions pour en développer la réglementation internationale. »

« Il est très difficile de décider jusqu'à quel point les principes fondamentaux qui doivent servir de base aux contrats d'engagement peuvent devenir un objet de législation internationale. Il faut considérer que les contrats d'engagement dans les différents pays s'appuient sur les principes généraux de la législation civile et sont, en plus, dans un rapport étroit avec les dispositions qui dans chacun de ces pays règlent les contrats propres aux autres formes d'industrie. Les différentes branches de la marine marchande, paquebots effectuant un service régulier, vapeurs naviguant selon les occasions et les besoins du commerce, navires affrétés pour une période déterminée, etc., demandent aussi leurs contrats spéciaux. De plus, il faut faire la distinction entre les dispositions légales, dont l'application dépend de la libre volonté des parties contractantes, et les stipulations qui entraînent contrainte et obligation. C'est cette dernière catégorie de règles qui devrait tout d'abord être l'objet d'une législation internationale.

« Quant à la question de savoir si le contrat d'engagement du marin devrait être assimilé ou non avec celui qui est généralement appliqué dans le cas des autres travailleurs, on peut affirmer que les caractéristiques de l'occupation du marin sont telles qu'elles doivent forcément entraîner quelques particularités dans sa situation légale à l'égard de son contrat d'engagement. Toutefois, en l'état présent des choses, on n'a pas jugé opportun d'exprimer une opinion plus définie qui impliquerait attitude déjà arrêtée à l'égard des différents problèmes soulevés par cette question. »

CHAPITRE II

NOMINATION ET RAPPORT DE LA COMMISSION DU STATUT INTERNATIONAL DES MARINS

La Conférence internationale du Travail s'est ouverte à Gênes le 15 juin 1920, vingt-sept pays y étaient représentés.

Au cours de sa séance du 21 juin, la Conférence procéda à la nomination d'une Commission chargée d'étudier la quatrième question figurant à l'ordre du jour et de présenter un rapport à la Conférence.

REPRÉSENTANTS DU GROUPE DES DÉLÉGUÉS GOUVERNEMENTAUX

Allemagne : M. Werner.
Belgique : M. Pierrard.
Danemark : M. Busck-Nielsen.
Espagne : Le contre-amiral Pasquin y Reinoso. Suppléant : M. Montésinos.
France : M. Baudoin.
Grande-Bretagne : M. Wotzel.
Italie : M. de Michelis. Suppléant : le Professeur Majorana.
Japon : M. Matsuoka.
Norvège : M. Hansen. Suppléant : M. Brochmann.
Pays-Bas : Mgr Nolens. Suppléant : M. Landweer.

REPRÉSENTANTS DU GROUPE DES DÉLÉGUÉS ARMATEURS

Allemagne : M. Holm. Suppléant : le Dr Paul Ehlers.
Canada : M. Robb.
Danemark : M. Host. Suppléant : M. Lund.
Espagne : M. Lopez Doriga.
France : M. de Rousiers. Suppléant : M. Vincent.
Grande-Bretagne : Sir Alfred Booth. Suppléant : le capitaine Walton.
Inde : M. Cameron. Suppléant : M. Melville.
Italie : M. Brunelli. Suppléant : M. Corrado.
Japon : M. Hori. Suppléant : M. Tadeo Okasaki.
Suède : M. Nordborg. Suppléant : M. Hallberg.

REPRÉSENTANTS DU GROUPE DES DÉLÉGUÉS MARINS

Allemagne : M. Wissell. Suppléant : M. Döring.
Argentine : M. Dicuatro.
Australie : M. Burke.
Belgique : M. Chapelle. Suppléant : M. Van Pottelsberghe.
Danemark : M. Spliid. Suppléant : M. Hedebol.
France : M. Rivelli. Suppléant : M. Pasquini.
Grande-Bretagne : M. Havelock Wilson. Suppléant : M. Henson.
Italie : M. Giulietti. Suppléant : M. Giglio.
Japon : M. Ken Okasaki. Suppléant : M. Tsutsumi.
Norvège : M. Michelson. Suppléant : M. Johannessen.

La Commission s'est réunie les 21, 22, 24, 25 et 28 juin et à la fin de ses travaux présenta à la Conférence le rapport suivant.

RAPPORT DE LA COMMISSION DU STATUT INTERNATIONAL DES MARINS

La Commission avait été chargée par la Conférence de Gênes de procéder à un examen préliminaire de la 4e question à l'ordre du jour. Cette question est ainsi conçue : « Examen de la possibilité d'établir un statut international des marins ».

Le Bureau international du Travail a adressé aux Gouvernements de tous les Membres de l'Organisation internationale du Travail le questionnaire suivant relatif à la 4e question à l'ordre du jour :

1. — Estimez-vous possible d'établir une sorte de statut international des marins ?

2. — Dans l'affirmative, quels seraient, selon votre Gouvernement, les principes généraux d'un code maritime international en ce qui concerne les conditions des marins.

En particulier, le contrat de travail des marins doit-il être ou non assimilé au contrat de travail de tous les ouvriers, par exemple pour la discipline, le droit d'abandonner le bateau dans un pays étranger, le paiement des salaires avant le débarquement ?

En approuvant ce point de l'ordre du jour et ce questionnaire, le Conseil d'administration du Bureau international du Travail a estimé que « la question était tellement vaste et qu'elle touchait à tant d'autres problèmes que la prochaine Conférence internationale ne pourrait sans doute pas la résoudre. Mais a cru nécessaire de la retenir pour un examen général ». Le Bureau international du Travail a préparé sur ce 4e point de l'ordre du jour un rapport qui contient les réponses données par les divers Gouvernements aux questions posées, ainsi qu'un recueil d'extraits des lois des divers pays qui ont trait aux contrats de travail, aux effectifs et au logement des marins à bord. La Commission a étudié minutieusement ce rapport et a discuté et examiné avec le plus grand soin les réponses des divers Gouvernements.

Au cours de ses travaux, après deux jours de discussion générale, la Commission a jugé utile de constituer deux sous-commissions entre lesquelles le travail a été réparti. Chacune de ces sous-commissions comprenait 2 représentants des Gouvernements, 2 des armateurs et 2 des marins. Chacune des sous-commissions s'est appliquée à répondre aux questions détaillées qui avaient été soulevées au cours de la discussion générale ; par la suite, ces questions et les conclusions auxquelles les sous-commissions étaient arrivées ont été examinées longuement en séance plénière par la Commission qui, après y avoir apporté quelques modifications et quelques additions, a jugé qu'en répondant aux questions, les sous-commissions avaient accompli toute la tâche qui leur avait été confiée et a approuvé les conclusions qui lui étaient soumises. Ces conclusions ont alors été rédigées par un comité de rédaction et ont, par la suite, été adoptées sans modification par la Commission en séance plénière.

Conclusions de la Commission

En conséquence, la Commission a l'honneur de soumettre à la Conférence les conclusions ci-après et émet à l'unanimité le vœu qu'elles soient adoptées par la Conférence comme suite à son examen de la quatrième question à l'ordre du jour.

Le terme « marin » n'ayant pas la même signification dans les lois de tous les pays, il serait utile, avant d'élaborer un statut international des marins, de déterminer, dans la mesure du possible, une acception uniforme de ce mot, dans les lois de tous les pays. Pour l'objet de ce rapport, le terme « marin », est employé pour désigner toute personne engagée au service d'un navire et inscrite sur son rôle d'équipage, quelle que soit sa fonction, qu'il s'agisse d'une membre de l'équipage, du capitaine ou de toute autre personne, que ce navire soit public ou privé, à l'exception toutefois des navires de guerre.

La Commission a reconnu que les personnes employées à bord des bateaux de pêche constituaient une catégorie distincte à la fois parce qu'elles sont souvent propriétaires de leur bateau et parce qu'elles sont fréquemment employées dans des conditions qui leur donnent un intérêt spécial dans l'entreprise ; par suite, si, dans un texte légal, on comprend le pêcheur dans le terme « marin », on ne doit le faire qu'en faisant état de sa situation spéciale en tant que marin. En raison de la décision prise par la Conférence, au cours de sa séance du 16 juin, au sujet de l'application des divers points de l'ordre du jour aux bateaux de pêche, la Commission n'a pas cherché à déterminer dans quelle mesure les dispositions d'un statut des marins doivent viser les intérêts spéciaux des pêcheurs, et a laissé de côté cette question qui sera résolue ultérieurement.

Pour l'objet de ce rapport, on a employé le terme « statut des marins » pour désigner l'ensemble des lois et règlements relatifs à la condition et à la situation des marins considérés comme tels.

Dans la plupart des pays, on n'a pas encore entrepris une codification systématique des lois relatives aux marins ; il en résulte qu'il existe souvent une certaine confusion dans l'esprit des marins, et, peut-être aussi, des armateurs, au sujet de la nature précise des droits et des devoirs de chacun.

La loi de 1894 sur la marine marchande, en Angleterre, la loi de 1902 sur les marins en Allemagne peuvent, dans une certaine mesure, être considérées comme statuts nationaux des marins, bien que la première ait plutôt le caractère d'un code général de la navigation. Un projet de statut des marins a également été préparé en France avant la guerre, mais ces recueils de lois maritimes sont incomplets et il semble possible, même dans ces pays, de réaliser encore des progrès dans le sens d'une systématisation plus complète des lois maritimes.

La Commission est convaincue que l'on faciliterait grandement l'établissement d'un statut international des marins, au sens duquel elle a approuvé cette idée, si chacun des pays maritimes du monde avançait autant que possible l'œuvre de codification de ses lois maritimes. L'exposition claire et systématique des lois de chaque pays en un recueil unique rendrait plus facile la compréhension de ces lois dans les autres pays.

En procédant dans chaque pays à cette codification, on rendrait plus aisé le développement de l'uniformité qui peut déjà exister.

La Commission a donc émis le vœu que la Conférence adoptât une recommandation à cet effet et on trouvera, annexé à ce rapport, un projet de recommandation dans ce sens.

La Commission a éprouvé quelque difficulté à définir la signification du terme « statut international des marins ».

Elle a décidé que, dans ce rapport, ce terme serait employé pour désigner un recueil de lois et de règlements relatifs à la condition et à la situation des marins considérés comme tels, que les divers pays maritimes pourraient adopter comme base commune et uniforme du droit international des marins.

La Commission n'a pas précisé ce que peut contenir un semblable statut international ; il lui était d'ailleurs impossible de le faire, car l'élaboration d'un code de ce genre est un travail de longue haleine.

La Commission a procédé à un examen de la situation actuelle en vue de déterminer s'il existe déjà des codes internationaux ou spéciaux de ce genre. Jadis, les gens de mer ont connu des ensembles de lois communs à de nombreux pays. Les lois de Rhodes et les lois d'Oléron et de Wisby sont des exemples frappants de codes internationaux qui, en leur temps, ont rendu de grands services.

Le « Consolato del Mare » a été pendant plusieurs siècles dans les pays méditerranéens, une sorte de code international de droit maritime. Et, à ce point de vue, il est juste que cette Conférence, réunie à Gênes, rende hommage à l'œuvre de cet éminent citoyen génois, Giuseppe Maria Casaregi (1670-1737) qui, au début du XVIIIe siècle, a commenté ce « Consolato del Mare ». Les bienfaits que lui doit la civilisation moderne sont en eux-mêmes une justification de l'œuvre recommandée par ce rapport.

Si le développement du nationalisme dans les temps modernes a tendu à faire établir des lois nationales maritimes distinctes, on a pu constater au cours des dernières années que le monde marin tend de plus en plus à être considéré comme un milieu international. La Conférence qui s'est réunie à Londres en 1913 et 1914 et qui a élaboré une convention internationale pour la sauvegarde de la vie humaine en mer en est un exemple. On peut également mentionner les conventions relatives aux différentes sections du droit maritime qui, à diverses époques, ont été élaborés par la Commission internationale pour l'unification du droit maritime et dont un certain nombre ont déjà trouvé place dans la législation de nombreux pays maritimes.

Il s'est trouvé que la Commission comptait parmi ses membres une certain nombre de représentants des pays scandinaves ; elle leur doit un exposé de la loi maritime interscandinave de 1893. Il a été possible pour le Danemark, la Norvège et la Suède d'appliquer depuis cette date une loi maritime commune et le fait que cette loi commune existe a été un progrès marqué pour les armateurs et les marins scandinaves. A l'heure actuelle, des représentants de ces pays, ainsi que de la Finlande, sont réunis à l'effet de reviser ce statut.

En conséquence, la Commission a estimé qu'il n'était pas nécessaire de discuter plus longuement pour établir qu'il est possible de formuler un statut international des marins au sens où ce terme a été employé dans le présent rapport. Elle est convaincue que, si l'on profite de cette possibilité, et qu'un statut international des marins soit établi par l'entremise de l'Organisation internationale du Travail, le succès de l'entreprise dépendra uniquement de l'empressement que mettront les puissances maritimes, membres de l'organisation, à adopter et à appliquer les dispositions de ce statut.

Au cours des séances de la Conférence de Gênes, il a été avancé que la codification de la législation maritime sur une échelle internationale serait des plus dangereuses ; on a donné comme argument que cette codification aurait pour résultat de perpétuer de nombreuses dispositions surannées de la législation actuellement en vigueur, et que, si elle devenait un fait accompli, elle tendrait à rendre plus difficile à l'avenir la modification dans un sens libéral de la législation actuelle et son adaptation aux évolutions de la justice sociale. La Commission a estimé qu'il était de son devoir d'étudier avec soin si cet argument était bien fondé, et elle s'est convaincue que les dangers signalés sont exagérés, si même ils existent. Il ne peut certainement pas y avoir danger à codifier et à unifier une législation qui, dans une certaine mesure, est déjà uniforme dans maints pays. S'il était reconnu qu'il est imprudent — sauf dans de rares cas — de procéder à la codification de la législation concernant des sujets qui prêtent aisément à la controverse, la démonstration de ce fait permettrait à l'occasion, aux partisans d'une codification plus avancée, d'éviter un semblable danger.

La Commission désire faire remarquer qu'un statut international doit être rédigé, en termes élastiques, il ne peut jamais contenir le maximum de la réglementation légale existant dans un pays, il doit néanmoins contenir le maximum des règlements communs à de nombreux pays. On doit également noter que, dans les projets de conventions adoptés à la Conférence de Washington, un principe salutaire a été introduit dans les articles nécessitant un examen périodique en vue de leur revision.

Ce principe devrait être inclus d'une manière permanente dans la législation internationale que l'on s'efforcerait d'établir par l'intervention de l'Organisation internationale du Travail car, de l'avis de la Commission, il offre une garantie suffisante que la législation devenue commune à plusieurs pays ne soit pas, de ce fait, plus difficile à modifier, dans l'un quelconque de ces pays. L'expérience acquise dans les pays scandinaves, qui dès à présent possèdent une loi maritime commune, démontre que cette crainte n'est pas justifiée. Le statut scandinave a déjà été modifié par la convention signée à Bruxelles en 1911, sur l'assistance en mer, et de nouvelles modifications résulteront sans doute des travaux de la Commission de révision qui siège actuellement. Somme toute, bien que la Commission ait essayé, sans avoir préjugé de la question, de découvrir les dangers possibles qu'entraînerait la codification de la législation maritime sur une échelle internationale, elle reste convaincue que ces dangers sont légers, si même ils existent ; en tous cas, les avantages qui peuvent résulter de cette codification l'emportent de beaucoup sur les dangers qu'elle peut présenter.

En ce qui concerne les avantages possibles que l'on peut attendre de l'établissement d'un statut international des marins, la Commission désire attirer particulièrement l'attention sur les deux points saillants suivants : à l'encontre des autres travailleurs, les marins doivent fréquemment exercer leur profession dans des pays différents, et il peut leur être nécessaire de connaître, dans une certaine mesure, les dispositions légales qui, dans chacun de ces pays, régissent leurs relations avec leurs employeurs et leurs compagnons de travail. Même lorsqu'ils ne se trouvent pas dans des pays étrangers, les marins doivent passer une grande partie de leur existence sur les océans, hors de l'action régulière des autorités. De plus, à bord des bâtiments de la plupart des pays, les marins formant l'équipage appartiennent fréquemment à de nombreuses nationalités. Il n'est pas rare que des marins ne parlent pas la langue du pays auquel le navire appartient, ou ne connaissent pas ses lois. Les marins forment en réalité une communauté internationale, et à ce titre, il existe maintes circonstances dans lesquelles il serait avantageux pour tous qu'on leur appliquât une loi uniforme, quel que fût le pavillon du navire sur lequel ils sont embarqués Une semblable loi uniforme ne peut être établie que par une action commune internationale. Un autre avantage est tout aussi apparent et important : étant donné l'acuité aussi intense qu'avant la guerre de la concurrence commerciale que se font, et se feront au cours des années à venir, les flottes marchandes des divers pays, il est certains domaines dans lesquels les diverses puissances trouveront difficile l'adoption d'une législation nouvelle en raison de sa répercussion possible en faveur de la flotte marchande d'une nation rivale. Par exemple, si un pays essaie par le moyen de sa législation d'assurer l'amélioration des conditions de vie des marins, il peut se trouver, de ce fait, en état d'infériorité commerciale vis-à-vis d'un autre pays qui néglige ou refuse de modifier dans un sens analogue sa propre législation. Le commerce tend à se répartir entre les nations suivant les avantages et les désavantages de la législation en vigueur ; et l'équilibre établi de ce fait à un moment donné est souvent instable et peut être détruit par le moindre changement dans la législation. Le progrès, en ce qui concerne les lois nationales, dépendrait donc, dans une large mesure, de la possibilité d'exercer une action commune internationale dans un domaine donné de la législation. A défaut d'action de ce genre tout progrès ne peut être que lent, ou peut même ne pas se réaliser.

La loi Plimsoll, promulguée en Grande-Bretagne en 1894 constitue un exemple historique de la nécessité d'une action commune internationale. On a argué que la limitation de la ligne de charge fixée par cette loi, pour les navires britanniques, était défavorable aux armateurs britanniques et par suite favorable à la concurrence étrangère. L'effet de cette législation et son application fournissent la preuve convaincante que certaines règles qui paraissent désirables pour un pays, peuvent parfois n'être mises en vigueur qu'à condition qu'elles soient adoptées simultanément par les autres pays.

Sans essayer d'énumérer les autres avantages que l'on peut attendre du statut international des marins, la Commission demeure convaincue que dans l'état actuel du monde commercial et industriel, la codification de la loi maritime, dans certains domaines tout au moins, est devenue non seulement une nécessité commerciale, mais encore une condition *sine quâ non* de l'application aux travailleurs de la mer de règlements d'ores et déjà acceptés communément pour les autres travailleurs. Dans ce domaine, il faut choisir entre une action internationale et un progrès forcément lent.

La Commission n'a pas essayé d'exposer en détail les principes généraux qui devraient être inclus dans un semblable Code International des marins, et elle est convaincue, en ce qui concerne la plupart de ces principes, qu'il est nécessaire de procéder à une enquête approfondie avant de les fixer. Il semble toutefois évident qu'il serait bon d'appliquer cette codification en premier lieu aux domaines où la législation des divers pays présente déjà une certaine uniformité. Sous certains rapports, notamment en ce qui concerne les relations officielles existant entre les marins et leurs employeurs, les lois de nombreux pays sont basées sur les mêmes principes généraux. De même que le succès de la codification nationale a été d'autant plus marqué que la législation existante avait atteint un degré plus élevé de maturité, l'expérience prouvera peut-être que la codification internationale obtiendra les meilleurs résultats dans les domaines où existe déjà une certaine unité de législation. Toutefois, la codification doit également répondre au besoin urgent d'une action internationale, nécessaire dans les domaines où l'action nationale est impossible ou difficile sans elle, et si l'élaboration d'une législation généralement acceptable en la matière peut nécessiter une étude plus approfondie et une adaptation plus marquée des principes et des directives, elle doit se révéler néanmoins aussi indispensable et aussi fructueuse.

La Commission n'a pas cherché à définir si un statut international des marins doit constituer un ensemble complet de législation maritime, ou s'il est préférable d'établir des statuts spéciaux pour chacun des domaines particuliers de la législation maritime. Elle est convaincue toutefois qu'il existe certains domaines qui présentent actuellement des conditions favorables pour une enquête plus approfondie et une codification éventuelle.

Elle a choisi les cinq sujets suivants pour lesquels elle estime qu'il y a lieu de se mettre à travailler immédiatement :

1. — Contrats d'engagement ;

2. — Logement des marins à bord ;

3. — Discipline ;

4. — Conciliation entre les marins pris individuellement et leurs employeurs ;

5. — Assurances sociales et industrielles pour les marins, et possibilité d'instituer la réciprocité internationale des traitements à cet égard.

Les autres questions à l'ordre du jour de la Conférence de Gênes n'ont pas été examinées par la Commission à ce point de vue, mais s'il était possible pour la Conférence d'adopter des projets de Convention concernant les heures de travail, le chômage et l'âge minimum d'admission au travail, et si les projets de Conventions pouvaient être ratifiés par un nombre considérable de Puissances maritimes, ils constitueraient un important ensemble de lois internationales qui pourrait être considéré comme formant une sorte de statut international spécial.

Dans son examen de la possibilité d'instituer un statut international des marins et de donner les directives suivant lesquelles les efforts dans ce sens présenteraient les meilleures chances de succès, la Commission n'a pas essayé de déterminer d'une manière positive quel doit être le contenu d'un statut ou de statuts de ce genre. En réalité elle a estimé au cours de ses travaux qu'aucune codification ne devrait être entreprise sans études préalables approfondies et sans échanges de vues. Il a fallu en France de longues années pour élaborer le Code Napoléon ; en Allemagne pour élaborer le code civil de 1896, et à une date plus rapprochée, il a fallu également des travaux préparatoires considérables pour préparer les codes japonais et suisse. La Commission peut donc conclure sans pessimisme que le travail nécessaire pour établir un statut international moins complet pour les marins exigerait des mois ou même des années.

Mais il faudrait commencer tout de suite. Dans ce but, la Commission a adopté une proposition formulée par le représentant du Gouvernement japonais, et suggère que la Conférence adopte la procédure suivante. Il y aurait lieu d'inviter le Bureau international du Travail à procéder au rassemblement des lois des différents pays et à les mettre sous une forme commode à la disposition des intéressés dans tous les pays ; à cataloguer et à analyser ces lois ; à présenter des rapports aux différents Gouvernements sur l'état actuel des lois de chaque pays et sur le degré d'uniformité qu'elles présentent déjà ; à préparer un questionnaire complet relatif aux mesures préconisées dans ce rapport, comme présentant les meilleures chances de succès au point de vue de la codification ; à envoyer ce questionnaire à chacun des Membres de l'Organisation du Travail ; à mettre à la disposition de tous les Gouvernements les réponses reçues ainsi que toutes les données, se rapportant à ce sujet, que la Commission pourrait recueillir ; à étudier à la lumière des résultats obtenus, la possibilité d'établir une nouvelle législation internationale, basée sur les principes exposés dans ce rapport.

Pour mener à bien cette tâche, le Bureau international du Travail devra s'assurer le concours de juristes compétents en la matière ainsi que de personnes spécialisées dans l'application des lois maritimes, et consulter les organisations professionnelles d'armateurs et de marins. De plus, la Commission estime que le Bureau international du Travail devra, si possible, présenter au plus tard lors de la réunion de 1921 de la Conférence internationale du Travail un rapport sur les progrès accomplis dans cette voie. Les travaux préliminaires, c'est-à-dire le rassemblement et l'analyse des différentes lois ainsi que leur communication aux divers pays, devraient, en tous cas, être complètement terminés dans l'année qui suivra la clôture de la session de la Conférence de Gênes. Le Conseil d'administration du Bureau international du Travail devra dès que possible inscrire à l'ordre du jour de la Conférence internationale du Travail les questions susceptibles de conduire à l'adoption de projets de convention ou de recommandations à faire aux différents Gouvernements.

Enfin, pour faire porter effet aux recommandations du présent rapport, la Commission propose à la Conférence d'adopter :

A. — Une résolution, approuvant la procédure préconisée dans le présent rapport et donnant au Bureau international du Travail les instructions nécessaires pour en assurer l'exécution.

B. — Une recommandation formelle aux membres de l'Organisation du Travail, appuyant sur l'urgence qu'il y a à avancer l'œuvre de codification des statuts nationaux des gens de mer dans chaque pays.

A. — *Projet de résolution soumis à l'approbation de la Conférence*

La Conférence internationale du Travail approuve les conclusions qui lui sont présentées dans le présent rapport sur la possibilité d'établir un statut international des marins et affirme la possibilité et la nécessité d'établir un semblable statut.

En vue de sauvegarder les intérêts des gens de mer et des armateurs ainsi que l'intérêt public dans toutes les questions relatives à la communauté internationale des gens de mer, la Conférence demande que le Bureau international du Travail, procède, dans le plus bref délai possible, aux enquêtes nécessaires pour établir un statut international des marins selon les principes exposés dans le rapport de cette commission.

En même temps, la Conférence exprime le vœu que le Bureau international du Travail soit en mesure de présenter un rapport sur l'état d'avancement de ses travaux, au plus tard, lors de la session de 1921 de la Conférence internationale du Travail. Elle espère aussi qu'il sera possible au Conseil d'administration d'inscrire à l'ordre du jour d'une session prochaine de la Conférence internationale du Travail, les principales questions à étudier en vue de l'élaboration de projets de convention ou de recommandations, tendant à favoriser la codification internationale de la législation maritime.

B. — *Recommandation soumise à l'approbation de la Conférence*

La Conférence de Gênes recommande à chacun des Membres de l'Organisation internationale du Travail de procéder à l'incorporation, dans un statut des marins, de toutes ses lois et réglementations relatives aux marins considérés comme tels, afin que, grâce à la codification claire et systématique des lois nationales de chaque pays, les marins du monde entier, qu'ils soient employés à bord de navires appartenant à leur propre pays ou à un pays étranger, puissent mieux connaître leurs droits et leurs devoirs, et afin d'avancer et de faciliter l'établissement d'un statut international des marins.

Le rapporteur : PIERRARD.

RAPPORT COMPLEMENTAIRE DE LA MINORITE

Sans critiquer en quoi que ce soit le rapport de la majorité, tel qu'il a été adopté, quatre membres de la Commission désirent aller plus loin en ce qui concerne la résolution présentée à la Commission par le délégué des marins norvégiens. Le texte de cette résolution est joint au présent rapport.

La majorité de la Commission a estimé que cette résolution a trait à des questions qui sont en dehors de sa compétence, en ce sens qu'elle traite non pas de la possibilité d'établir un statut international ou des méthodes à employer pour l'établir, mais plutôt de ce que ce statut devra comprendre lorsqu'il aura été établi. La majorité de la Commission est d'avis qu'en recommandant que l'on étudie spécialement les questions relatives aux « contrats d'engagement » et à la « discipline », en vue d'une codification éventuelle dans ces deux domaines, la commission s'est avancée aussi loin qu'il était opportun. En conséquence, cette majorité s'est refusée à examiner la résolution norvégienne, qui constituerait l'expression d'une opinion quant à la direction qui devrait être donnée à la codification dans ces deux domaines. Cette majorité s'est contentée de demander que la motion norvégienne fût présentée par les délégués norvégiens au Bureau international du Travail, comme se rapportant à la tâche qu'il doit entreprendre au sujet d'un statut international des marins.

Par contre, la minorité de la Commission a estimé que cette résolution aurait dû être renvoyée par la Commission à la Conférence, en émettant l'avis que la Conférence devrait inviter le Bureau international du Travail à en tenir compte et procédant aux travaux qu'il doit effectuer sur un statut international des marins. Si la Conférence adopte cette procédure, elle signifiera par là son désir de voir procéder à une étude plus approfondie des principes exposés dans cette résolution.

La minorité de la Commission demande maintenant que la résolution présentée par le délégué des marins norvégiens soit examinée par la Conférence générale et recommande que la Conférence générale exprime l'intérêt qu'elle attache à cette résolution et invite le Bureau international à envisager l'incorporation de ces principes dans tout projet de statut international des marins qui pourrait être préparé.

Résolution présentée par les délégués norvégiens

Attendu que le rapport du Bureau international du Travail sur le statut des marins expose deux faits essentiels et importants à savoir :

1° Que dans tous les pays représentés à cette Conférence, la condition des marins équivaut à peu près à un état de servage ;

2° Qu'aucun de ces pays ne semble décidé, au cours de cette Conférence, à modifier cet état de choses.

Attendu que les renseignements fournis par les différents pays indiquent que le contrat d'engagement des marins est nul au point de vue moral, parce que ni les obligations imposées par le contrat, ni les sanctions prévues pour sa violation ne sont les mêmes en ce qui concerne les deux parties contractantes, la sanction prévue pour les armateurs consistant en dommages et intérêts fixés par la loi, et celle qui est applicable aux marins consistant à les obliger à continuer de travailler contre leur volonté sous peine de contrainte par corps dont la durée est également prévue par la loi.

Attendu qu'une aussi flagrante inégalité devant la loi ne peut être tolérée dans un monde « où a été établie la démocratie ».

Il est décidé que la Commission recommande aux divers gouvernements de mettre les marins sur un pied d'égalité devant la loi avec les armateurs par le rappel de toutes les lois et l'abrogation de tous les traités en vertu desquels les marins sont obligés de travailler contre leur volonté lorsque le navire ne court aucun danger, ou peuvent être incarcérés pour avoir refusé de se conformer aux conditions d'un contrat civil de travail.

Signé : Oscar Nilsen, H.-J. Johannessen, M. Michelsen.

Gênes, 27 *juin* 1920.

CHAPITRE III

DEBATS DE LA CONFERENCE ET DECISIONS PRISES PAR ELLE

Le rapport de la Commission fut discuté par la Conférence en séance plénière, le 30 juin. Au cours de la discussion dont fut l'objet le projet de résolution proposé dans ce rapport, plusieurs délégués insistèrent sur l'intérêt qu'il y aurait à établir une définition exacte du terme « marin ». Un délégué exprima l'opinion que la Commission aurait dû établir des principes déterminés en vue de l'élaboration d'un code. Cette opinion ne fut toutefois pas généralement partagée.

Les extraits des débats de la Conférence que nous donnons ci-dessous reproduisent la discussion dans ses points principaux.

Dr COLMO, *Représentant du Gouvernement argentin :*

« Je rends hommage à la compétence de la Commission qui s'est placée dans son rapport à un point de vue tout à fait recommandable, mais je me demande si la Commission a vraiment accompli sa tâche. Dans son projet de résolution elle défère au Bureau du Travail les informations nécessaires pour préparer un projet de codification du statut international des marins. Elle en fait à peu près autant dans le projet de recommandation. A mon avis, elle s'en est tenue un peu littéralement au quatrième point de l'ordre du jour qui établit la possibilité de formuler le statut international des marins. Elle reconnaît cette possibilité ; je crois qu'elle devrait la réaliser, nous soumettre ce projet de statut international et non pas le déférer au Bureau. A mon sens, le Bureau est une institution pour administrer, exécuter et non légiférer. Une Conférence comme celle-ci est composée de personnes compétentes et c'était assurément l'occasion de leur soumettre ce projet afin de leur permettre de décider, en le sanctionnant ou en le repoussant.

A côté du 4° de l'ordre du jour qui affirme seulement la

possibilité d'établir le code international, se trouvent des choses précises. Par exemple, la Commission se prononce dans un rapport sur les cinq points suivants :

1. — Contrats d'engagement ;

2. — Logement des marins à bord ;

3. — Discipline ;

4. — Conciliation entre les marins pris individuellement et leurs employeurs ;

5. — Assurances sociales et industrielles, pour les marins et possibilité d'instituer la réciprocité internationale des traitements à cet égard.

Je trouve que ces points sont compris dans plus d'un cas dans le même ordre du jour qui nous est soumis. Les paragraphes 1 et 2 comprennent respectivement les matières relatives aux contrats d'engagements des marins et ce qui est relatif au logement, à l'assurance, etc. des marins. La Conférence s'est déjà prononcée sur deux sujets pris séparément ; or, la codification internationale a pour but une coordination. Demain nous pourrons nous trouver en face de deux points ayant été déjà examinés et il nous faudra les adapter à nouveau à la codification internationale qui doit les harmoniser.

De plus, dans le questionnaire soumis par le Bureau du Travail aux gouvernements, on trouve encore plusieurs points compris dans les cinq questions que la Commission croit devoir incorporer au Code international des marins.

Dans le 1 a), on trouve le contrat d'engagement ; c'est-à-dire qu'on a demandé aux gouvernements quel était le point de vue spécial, selon leurs lois, leurs pratiques, leurs coutumes au sujet des contrats d'engagement.

c) Logement. On a eu des réponses précises à ce sujet de la part des gouvernements.

Je fais la même observation au sujet des II a), II c) ; je dis encore à propos du 4° que le Bureau du Travail a demandé leur avis aux gouvernements en ce qui concerne les principes fondamentaux du Code international qu'on désire établir ; autrement dit, il leur a demandé des précisions pour établir dès maintenant une codification. Je crains que la Commission ne se soit un peu défiée de ses forces qui sont assurément plus grandes, et qu'elle n'ait pas fait ce qu'elle devait faire. Elle devait nous proposer un statut international des marins et non pas déférer la question au Bureau. Je trouve dans une publication de 200 pages tous les statuts des différents pays relativement aux questions qui leur ont été soumises par le Bureau du Travail. J'y vois une série de lois au sujet du logement, des contrats de travail, de la discipline. Je me demande si la Commission en a fait son profit, si elle a trouvé ces indications utiles et si avec ces éléments, elle a été incapable de préparer le code. J'estime que malgré son esprit d'investigation, malgré son travail, elle n'a pas accompli sa tâche, puisqu'elle n'a pas proposé à la Conférence le code international qu'on lui demandait.

M. DE ROUSIERS, *Représentant des armateurs français, membre de la Commission :*

« Puisque l'on a défini le terme de « marin » — et la Commission a bien fait — j'estime qu'il faut que cette définition soit claire et qu'on sache de quoi on parle.

Or, si je prends la définition donnée en français, je vois : « le terme « marin » est employé pour désigner des personnes engagées pour travailler à bord d'un navire quelconque aux fins du voyage, quelle que soit sa fonction, qu'il s'agisse d'un membre de l'équipage, du capitaine ou de toute autre personne ».

Et alors, me faisant l'avocat du diable cherchant la difficulté je me dis :

Mais les dockers qui travaillent dans la cale du navire pour le décharger, ou les arrimeurs qui y travaillent pour le charger sont-ils des marins? Assurément pas. Cependant ils sont engagés pour travailler dans le navire aux fins du voyage.

Et un ouvrier de chantier qui répare une avarie pour permettre à un navire de continuer son voyage est-il un marin? Evidemment non.

La définition n'est donc pas suffisante pour que l'on sache de qui l'on veut parler. Ceci est important.

En effet, dans le programme indiqué par la Commission il est des questions relatives à la discipline qui recevront leur application en mer et qui ne seront pas applicables aux dockers ou aux ouvriers de chantier travaillant sur le navire. Il faut donc faire une distinction. Je propose cette définition :

« Toute personne engagée au service d'un navire et inscrite sur son rôle d'équipage ». Ceci est en réalité le signe auquel on reconnaît qu'une personne est au service d'un navire. Un marin est une personne inscrite au service d'un navire.

La meilleure preuve est que dans le texte anglais, la définition est beaucoup plus claire. Il est dit, en effet : « The term « seamen » is used to include every person engaged to serve »,

Ceci indique parfaitement la relation entre le navire et l'homme qui sert à son bord.

Je demande à la Commission de bien vouloir faire cette précision afin qu'on soit plus clair et qu'on sache de quoi on veut parler exactement ».

Mgr NOLENS, *Représentant du Gouvernement des Pays-Bas, membre de la Commission :*

« Même avec le changement indiqué par M. de Rousiers, la définition du mot « marin » n'est pas encore complètement exacte. D'après la Commission, est marin « toute personne engagée pour travailler à bord d'un navire quelconque ». Ceci n'est pas tout à fait juste, car des navires peuvent voyager sur des petites rivières. Les personnes employées à le faire marcher seront-ils des marins?

Je puis me tromper, mais il me semble que le terme « marin » se rapporte à la mer.

Je voudrais dire ensuite à mon collègue d'Argentine, qu'il est un peu injuste à l'égard de la Commission. Il aurait voulu que cette pauvre Commission où beaucoup de membres ont dû se faire remplacer, fît en trois jours un code maritime prêt à être discuté. Mais il est probable qu'il se contentera, ainsi que la plupart des délégués, des propositions de la Commission.

Le projet de résolution que présente la Commission contient une charge qui est déléguée au Bureau. J'espère que le Bureau s'en tirera aussi parfaitement qu'il a coutume de le faire.

La Commission propose, dans sa recommandation, la codification des lois maritimes dans chaque pays. Dans mon pays une Commission est chargée, depuis plusieurs années, de préparer un projet de loi relatif au droit maritime. Mais il me semble que codifier le droit maritime cela ne peut vouloir dire mettre dans un petit livre tout ce qui se rapporte au droit maritime, comme nous l'avons fait dans la réponse au questionnaire. Mais si l'on entend qu'il s'agit d'une codification comme celles de Justinien, de Napoléon ou comme celle du droit civil allemand, ce n'est pas si commode. Je crois donc qu'on veut dire qu'il s'agit de mettre ensemble tout ce qui ce rapporte au droit maritime. Dans ces conditions, cela peut se faire.

Néanmoins, je voudrais vous demander de penser un peu aux Parlements des différents pays. Il nous est facile de demander aux Parlements de codifier tout cela mais laissez-leur, je vous prie, un peu de temps.

Quant à moi, je n'éprouve aucune difficulté à me rallier aux propositions de la Commission ».

M. HANSEN, *Représentant des marins norvégiens, membre de la Commission*, parle en anglais :

L'interprète résume ses paroles comme suit :

« Je propose de remplacer les mots : « aux fins du voyage », qui se trouvent dans la définition, par les mots : « pendant le voyage », car on éliminerait ainsi toutes les personnes qui travaillent pour le compte du navire dans le port, en ne laissant que les vrais marins ».

M. KYRIAKIDES, *Représentant des armateurs grecs*, parle en anglais :

L'interprète résume ses paroles comme suit :

« Pouvons-nous dire : les chauffeurs, les mécaniciens, les stewarts, sont des marins ? D'après les termes de la définition, certainement oui, car ils contribuent à la traversée, ils sont engagés spécialement pour cela. Ce sont tous des marins, comme tous ceux qui sont à bord et qui contribuent à la traversée, depuis le capitaine ».

« Au contraire, on ne peut pas dire qu'un agent maritime, un courtier, un réparateur de bateaux, soient des marins. Seuls, je le répète, les gens enrôlés en vue d'une traversée, et y contribuant, peuvent être considérés comme marins ».

M. LE PRESIDENT DE LA CONFERENCE :

« Je voudrais, pour bien préciser le débat, faire observer que nous ne sommes pas appelés à donner ici aujourd'hui, une définition définitive du marin. Nous faisons un échange de vues qui sera utile aux personnes qui rédigeront le code, mais, ce que vous êtes appelés à voter ne comprend pas la définition du marin, et en ce moment, il ne s'agit que d'idées échangées, qui pourront d'ailleurs diriger les rédacteurs futurs du code ».

M. HENSON, *Représentant des marins anglais, suppléant de M. Havelock Wilson à la Commission*, parle en anglais :

L'interprète résume ses paroles comme suit :

« Le soin de donner une définition légale précise du mot « marin » sera, si le rapport de la Commission est adopté, laissé plus tard à des juristes experts, à des professeurs, et ce n'est pas à nous à chercher la définition de ce mot.

D'autre part, la loi anglaise sur la marine marchande définit le marin : toute personne servant à bord, à l'exception du capitaine et des mousses. Nous, nous sommes allés un peu plus loin. Le mot « marin », tel qu'il figure au rapport, n'est-il pas trop vague et ne peut-il s'appliquer à ceux qui voyagent sur les rivières. Non, parce que, dans la définition, on a fait figurer les mots : « engagé pour travailler à bord d'un navire quelconque aux fins du voyage », indiquant ainsi que l'homme a signé au rôle d'équipage et qu'il a passé un contrat qui définit exactement la traversée du navire et les obligations de l'homme au cours de cette traversée et à bord du navire ».

M. PIERRARD, *Représentant du Gouvernement belge, rapporteur de la Commission :*

« Je suis d'accord avec les orateurs qui ont pris la parole, notamment avec M. de Rousiers, en ce qui concerne la légère modification qu'il demande au texte français et qui consiste à substituer aux mots « travaillant à bord d'un navire » les mots « engagés pour servir à bord d'un navire ». Cette expression serre davantage le texte anglais que celle qui figure dans notre traduction. Je suis prêt à l'accepter au nom de la Commission. Je suis prêt également à accepter les mots « et inscrits au rôle d'équipage » que propose M. de Rousiers et que j'avais moi-même proposé d'ajouter lorsque nous avons discuté la définition en Commission. Je ne fais donc aucune difficulté pour me rallier à la demande de M. de Rousiers si la Conférence l'accepte.

Je ne puis pas admettre la proposition de notre honorable collègue norvégien, en ce qui concerne les mots « during the voyage ». Ce point a été envisagé et la Commission a considéré que si n'étaient marins que ceux qui sont en cours de voyage, on exclurait les marins qui sont dans les ports, c'est-à-dire la moitié ou le quart des marins. Cette expression a été examinée et nous avons reconnu qu'il n'y avait pas lieu de l'admettre.

Je suis absolument d'accord avec notre collègue M. Hansen et avec notre honorable Président qui a fait remarquer que cette définition devait être donnée par un nouveau collège de juristes et que la Commission avait à donner plutôt des indications, des directives ».

M. STORIE GUTHRIE, *Représentant du Gouvernement australien,* parle en anglais.

L'interprète résume ses paroles comme suit :

« J'ai constaté, dans le projet deux omissions qui paraissent importantes. La première a trait à la durée des contrats d'engagement, la seconde concerne le marin qui commet un délit plus ou moins grave au cours de la traversée. Cet homme sera-t-il simplement soumis à une action civile intentée par l'armateur, ou sera-t-il l'objet d'une action criminelle? ».

M. DELL'ORO MAINI, *Représentant des armateurs argentins*, adresse la déclaration suivante au Président de la Conférence après l'adoption par la Conférence du projet de recommandation :

Gênes, le 1er juillet 1920.

« Monsieur le Président,

J'ai l'honneur de m'adresser à vous pour faire connaître la pensée des armateurs argentins que je représente, au sujet de la question du statut international des marins.

Je l'aurais exposée hier de vive voix, ayant été inscrit pour prendre la parole, mais celle-ci ne fût pas accordée avant le vote du projet de recommandation aux orateurs qui désiraient parler sur le fond de la question.

Je me permets, M. le Président, de protester respectueusement à ce sujet.

Quoique la question principale, soit déjà, en quelque sorte, résolue, je désire exprimer à toutes fins utiles, en ma qualité officielle, mon adhésion la plus catégorique à l'idée — également exposée par le délégué du Gouvernement argentin, le Dr Colmo — d'établir, avant le code international des marins, les principes fondamentaux qui doivent lui servir de base, et qui doivent inspirer avant tout et préalablement l'action du pouvoir législatif des Membres de la Société des Nations.

L'amélioration des conditions du travail des marins ainsi que de tous les autres ouvriers du monde, et la tranquillité dans les relations industrielles, ne dépendent pas seulement de l'horaire et du salaire ; elles sont étroitement liées à des principes fondamentaux d'un autre ordre, pour la conquête et le maintien desquels nous assistons, dans beaucoup de pays, à de longs et douloureux conflits.

J'apporte comme preuve l'expérience de mon pays où les huit heures sont déjà établies par la coutume et par le consentement des armateurs eux-mêmes, et où les salaires élevés ne se discutent pas, mais où il existe de profonds malentendus basés sur des principes que l'on prétend méconnaître et qui affectent l'harmonie des parties qui nous intéresse tous.

La République Argentine, comme d'autres pays américains, peut-être peu connus dans la spécialité de leurs conditions sociales, offre à cet égard un enseignement intéressant par l'ampleur de ses conceptions sociales et politiques issues de sa qualité de pays nouveau, ouvert de par les lois les plus libérales à tous les travailleurs honnêtes du monde. Inspirés de cet esprit, les armateurs argentins sont venus à cette Conférence animés, non pas du désir d'arriver à des solutions de concessions réciproques, mais, bien au contraire, pour se reconnaître mutuellement et largement leurs droits tout en accomplissant leurs devoirs respectifs. Or, il est une condition indispensable pour arriver à cette amélioration de la classe ouvrière maritime, c'est d'établir l'accord, non seulement sur des conditions d'ordre matériel dont j'apprécie l'importance, mais particulièrement, dans le moment actuel, sur des principes essentiels qui visent l'organisation même du travail. Sans ces principes, la paix ne saurait exister dans les rapports entre le capital et le travail et si la paix n'existe pas, les résolutions des Conférences internationales perdront une grande partie de leur efficacité. D'autre part, faire aux Etats une recommandation tendant à établir un système de loi maritime internationale sans poser ces principes fondamentaux, c'est, il me semble, renoncer à la tâche de constituer un véritable code et se contenter d'une simple compilation sans grande valeur sociale.

Je veux cependant rester dans le cadre de la résolution prise et je me permets d'affirmer que les statuts nationaux des marins doivent s'établir sur des principes internationaux uniformes, classés de la manière adoptée par la Commission, et dans ce sens, je crois que le Bureau international du Travail pourrait, conformément à la résolution adoptée, procéder à l'élaboration d'un système de principes généraux, qui serait soumis à l'étude de la prochaine Conférence et permettrait d'adopter ultérieurement un code international complet.

En ce qui concerne les principes du contrat d'engagement et de la discipline, les armateurs argentins soutiennent le principe d'égalité juridique absolue dans le sens de la liberté de convention et de l'égalité de sanction pour les parties qui ne remplissent pas leurs engagements.

Ils estiment, en outre, que ce contrat n'est pas assimilable à ceux des autres industries, tant au point de vue des patrons qu'à celui des ouvriers, parce que la navigation est un service d'ordre public — national et international — qui donne au contrat un caractère spécial. Le Gouvernement argentin a admis cette conception dans le décret du 21 mars 1918.

Telle est l'opinion des armateurs argentins qui offre, non seulement un intérêt théorique, mais aussi un intérêt pratique, étant donné que les ports argentins constituent le but des entreprises et des ouvriers du monde entier. »

***

Le projet de résolution, mis aux voix, fut adopté par 50 voix contre 2.

Au cours de la discussion, approfondie, dont furent l'objet la recommandation et le rapport de la minorité, plusieurs délégués insistèrent sur l'importance de comprendre dans le code international les questions du contrat d'engagement et de la discipline et de placer au point de vue légal les rapports entre armateurs et marins sur le même pied que les relations entre employeurs et employés sur terre.

Par 56 voix contre 7, la Conférence décida de renvoyer le projet de recommandation à la Commission de rédaction. Le rapporteur de la Commission, M. Pierrard déclara qu'après une étude de la résolution norvégienne, la Commission était arrivée à la conclusion que cette résolution se rapportait à des questions échappant à sa compétence. La résolution avait trait, en effet, non pas à la possibilité d'établir un code maritime, mais aux dispositions que ce code devait contenir. Or la Commission avait estimé qu'elle était déjà allée aussi loin que possible dans ce sens. Comme elle représentait l'opinion d'une importante minorité de la Commission, la résolution fut toutefois insérée dans le rapport.

Les extraits des débats de la Conférence reproduits ci-après, ont été choisis en vue de montrer les différentes opinions exprimées au cours de la discussion.

M. LESLIE, *Représentant du Gouvernement australien*, parle en anglais.

L'interprète résume ses paroles comme suit :

« Dans son rapport, la minorité a voulu aller plus loin et recommander la façon dont cette codification devait être faite : le Bureau international était chargé de faire l'enquête et de recommander l'abrogation de toutes les législations existantes.

Il y aurait là, de la part de la Commission et de la Conférence, une faute très grave. Nous ne pouvons pas demander l'établissement d'un code international avant d'avoir exigé des nations la codification de leurs lois et de leurs accords.

C'est pour cela que je demande à la Conférence de repousser le rapport de minorité ».

Mgr NOLENS, *Représentant du Gouvernement des Pays-Bas, membre de la Commission :*

« Je suis assez objectif et je ne pourrais accepter cette résolution dans les termes où elle est conçue et dire pour mon pays, que « dans les pays représentés à cette Conférence, la condition des marins équivaut à peu près à un véritable servage » ni que « aucun de ces pays ne semble décidé, au cours de cette Conférence, à modifier cet état de choses ».

Mais autre chose sont les termes employés et autre chose est le fond et je dois rconnaître que la situation juridique des marins est un peu arriérée vis-à-vis des armateurs ; elle n'est plus de notre temps. Je ne puis dire dans quelle mesure, mais tous ceux qui s'occupent de droit savent que dans beaucoup de pays le code civil continue à réglementer les relations entre « serviteurs et maîtres » comme dit le code civil lui-même. Cette réglementation nous l'avons eue jusqu'en 1907, mais elle n'était plus de notre temps et nous avons réglementé le contrat de travail d'une façon explicite en entrant dans les détails pour chaque contrat. Nous en avons profité pour abolir toutes les prérogatives des « maîtres », des employeurs et nous avons réalisé l'égalité juridique des deux parties.

Or, il me semble que dans les rapports juridiques entre armateurs et marins, il existe quelque vestige des prérogatives d'ancien régime pour les employeurs. Je ne vais pas jusqu'à assimiler les relations juridiques entre armateurs et marins à celles qui existent entre employeurs et employés des industries terriennes. Il doit y avoir des cas où l'employé, dans la vie maritime, est tenu à une certaine discipline, ce qui crée une différence avec la situation de l'employé dans les usines. Mais au fond, il y a quelque chose de vrai dans ce qui nous est proposé. Quand il va s'agir de discuter les relations juridiques entre armateurs et marins, il faudra restreindre la position disciplinaire de l'employé au minimum nécessaire pour la sécurité de la navigation. Pour le reste, armateurs et marins doivent être juridiquement aussi égaux que dans les autres industries.

Dans le monde des marins on veut être mis dans une position d'égalité vis-à-vis des employeurs, on veut faire le contrat de travail à égalité, avoir les mêmes prérogatives juridiques, on veut en un mot être dans les mêmes conditions vis-à-vis des employeurs que sont les salariés vis-à-vis de leurs patrons pour les autres industries, dans beaucoup de pays, dans le mien en particulier. Cela je le comprends très bien, mais on doit tenir compte que le fait qu'on se trouve en mer nécessite une certaine discipline pour la sûreté de la navigation et il y a des cas — je laisse le soin de les décider à d'autres qui sont plus à la hauteur — où le régime égalitaire juridique doit laisser la place à une certaine discipline pour les marins.

Plutôt que de rejeter sans discussion la proposition de la minorité je désirerais qu'on trouvât une formule qui mît sous les yeux des législateurs nationaux et de ceux qui s'occuperont du code international, cette grave question des relations juridiques entre marins et armateurs quant au contrat de travail.

Je demande, si nous acceptons la seconde recommandation, qu'on donne à la résolution de la minorité une forme qui la rende acceptable et exprimant le même vœu sans se servir de termes auxquels on ne peut adhérer ».

M. HENSON, *Représentant des marins anglais, suppléant de M. Havelock Wilson à la Commission*, parle en anglais.

L'interprète résume ses paroles comme suit :

« Je suis prêt à appuyer une partie de la résolution proposée par la délégation norvégienne mais non le texte entier.

Nous avons bien fait de continuer la discussion, car si chaque fois que des membres d'une Conférence ne sont pas satisfaits de la procédure adoptée, nous devons revoir tous les rapports, nous serons ici non jusqu'en 1921 mais jusqu'en 2021.

Je ne suis pas d'accord avec la délégation norvégienne, que la condition des marins équivaut à l'état de servage dans les pays représentés à cette Conférence. Ce n'est pas exact, car si les marins se trouvaient réellement dans cette condition, il leur suffirait de vingt-quatre heures, à la suite d'une entente générale, pour la faire modifier complètement.

En revanche, je suis d'accord avec les Norvégiens sur la fin du rapport de minorité qui dit :

« Il est décidé que la Commission recommande aux divers gouvernements de mettre les marins sur un pied d'égalité devant la loi avec les armateurs par le rappel de toutes les lois et l'abrogation de tous les traités en vertu desquels les marins sont obligés de travailler contre leur volonté lorsqu'un navire ne court aucun danger, ou peuvent être incarcérés pour avoir refusé de se conformer aux conditions d'un contrat civil de travail ».

En effet, dans l'état actuel de la législation, les droits du marin ne sont pas égaux à ceux de l'armateur. On ne peut comparer la condition du marin à celle de l'ouvrier d'industrie. Lorsque ce dernier a fini sa semaine, il reçoit son salaire ; lorsqu'il a terminé sa journée il est libre, il peut aller où il veut. Or, le marin, aussi bien en ce qui concerne son salaire que son temps, ne jouit pas de la même liberté. Supposons qu'un navire arrive à Gênes. Un marin de ce navire désire visiter la ville : il doit demander la permission de l'armateur et réclamer son argent. D'autre part, le salaire du marin est souvent retenu par l'armateur. Enfin, en cas de désaccord le marin ne se trouve pas, comme l'ouvrier, soumis à des juridictions civiles ou industrielles, mais il est obligé d'avoir recours à des tribunaux maritimes où l'influence des capitaines est prépondérante. Lorsque le marin quitte son navire à l'étranger il est passible de prison, mais lorsque l'armateur le congédie il n'est pas passible de prison.

La durée du contrat d'engagement doit être limitée à six et à douze mois et réciproque, c'est-à-dire qu'en cas d'infraction quelles que soient les personnes, on applique les mêmes pénalités.

Je ne voterai pas la première partie de la motion, mais j'accepte la seconde partie. »

M. DE ROUSIERS, *Représentant des armateurs français, membre de la Commission :*

« Lorsque j'ai lu le rapport de la minorité norvégienne et que j'ai constaté, dans les premières lignes, qu'on indique que la condition des marins en Europe équivaudrait à peu près à un état de servage, l'exagération même de ces termes ne m'a pas permis d'être très ému. Mais lorsque continuant cette lecture j'ai vu qu'un malentendu existait non seulement chez les Norvégiens mais peut-être chez tous les membres de cette assemblée sur le point de savoir si les marins et les armateurs ne jouissaient pas de l'égalité devant la loi maritime, je me suis senti touché. Il est de mon devoir d'expliquer clairement la situation.

Il pèse sur cette assemblée, à ce propos un véritable malentendu qui crée un malaise. On se demande de part et d'autre, chez les armateurs comme chez les marins et chez les représentants du gouvernement si vraiment, dans nos sociétés modernes, les armateurs et les marins ne jouissent pas des mêmes droits au point de vue de leurs contrats. Il ne m'est pas possible d'affirmer que dans aucune législation existante — je ne les connais pas toutes — aucune espèce d'inégalité n'existe. Mais je puis affirmer que dans toutes les discussions où j'ai eu l'honneur de représenter les armateurs français, quand il s'est agi d'étudier la réforme du contrat d'engagement des gens de mer ou celle des textes sur la discipline maritime, les armateurs ont toujours été d'accord avec les marins qu'il fallait distinguer deux choses dans le contrat d'engagement des gens de mer : d'abord un certain nombre de principes, de prescriptions d'ordre public que dans un intérêt supérieur le législateur croit devoir imposer aussi bien aux marins qu'aux armateurs et ces principes d'ordre public peuvent être garantis et sanctionnés pénalement aussi bien pour les armateurs que pour les marins. Ces sanctions pénales ne peuvent être mises en mouvement que par l'autorité publique.

Pour être parfaitement clair je vais donner deux exemples.

Je les prends dans la législation française, la seule que je connaisse bien. C'est un principe d'ordre public, qu'un navire ne doit pas être abandonné à l'étranger par son équipage. Ce principe d'ordre public est sanctionné par une pénalité. Cette pénalité, il ne dépend pas des armateurs d'en frapper les marins. Le seul droit d'un armateur français, dans ce cas, est d'appliquer une sanction civile, prévue par notre code de commerce, et qui consiste à retenir aux marins une partie des gages qui leur sont dus. C'est une sorte de dommages et intérêts.

D'autre part, supposez qu'un armateur ait fait partir un navire dont les logements de l'équipage ne répondaient pas à nos règlements, car nous avons nous aussi des règlements. Il n'en existe pas seulement en Australie, mais même dans la vieille Europe, il en est de fort exigeants. Supposez, dis-je, qu'un armateur se soit rendu coupable de cette faute de faire naviguer un bateau sans avoir obtenu le permis de navigation constatant qu'il est en règle avec nos lois, il tombera sous le coup de l'article 34 : « Est puni, pour chaque infraction constatée, d'une amende de quatre cents à quatre mille francs, et d'un emprisonnement d'un mois à un an, ou l'une de ces deux peines seulement, tout armateur ou propriétaire qui a fait naviguer un navire visé à l'article premier, pour lequel le permis de navigation a été refusé, etc. ».

Par conséquent, dans le contrat d'engagement, il y a des principes d'ordre public : les logements de l'équipage devront avoir une certaine superficie, un certain cube d'air, etc... Si l'armateur viole ces principes, on peut l'emprisonner.

Quant à savoir si le marin aura un recours contre lui pour n'avoir pas observé la loi, cela est très possible et il peut fort bien lui demander des dommages et intérêts. C'est une autre affaire : c'est une affaire entre le marin et l'armateur.

De même, en ce qui touche les désertions, on considère qu'à l'étranger l'ordre public est engagé. Il y a donc une sanction pénale aux mains de l'autorité publique et une sanction civile, c'est-à-dire les dommages et intérêts, aux mains de l'armateur.

Je suppose, comme je le disais, que cette distinction ne soit pas toujours suivie dans toutes les lois des pays maritimes. C'est possible. En tout cas, je suis persuadé que cette Conférence serait disposée à accepter ce principe et se trouverait ainsi d'accord avec ce que demandait tout à l'heure M. Henson, à savoir l'égalité de traitement entre les marins et les armateurs, en précisant la distinction nécessaire, indispensable, entre les principes d'ordre public, les prescriptions d'ordre général qui dominent les contrats, et les libres conventions qui lient vis-à-vis l'un de l'autre l'armateur et les marins.

Comme cette question est délicate, je me suis permis de rédiger une résolution que je soumets à la Conférence. Elle me paraît répondre à la préoccupation d'une certaine partie de cette assemblée qui craint que les marins ne jouissent pas de la même liberté que les armateurs et, d'autre part, elle s'harmonise aux principes reconnus indispensables, par les armateurs de mon pays pour garantir la liberté des armateurs et la liberté des marins :

« Les sanctions pénales doivent être réservées exclusivement à la garantie des prescriptions d'ordre public qui dominent le contrat d'engagement des gens de mer, et être appliquées seulement à la requête des agents de l'autorité publique... » — de telle sorte qu'il soit bien entendu qu'un armateur n'a pas le droit de faire jouer l'autorité publique à son avantage... Les sanctions civiles doivent seules garantir les conventions librement consenties entre les marins et les représentants du navire sur lequel ils sont rembarqués ».

M. JOHANNESSEN, *Suppléant de M. Nilsen, représentant des marins norvégiens*, et l'un des signataires de la résolution parle en anglais.

L'interprète résume ses paroles comme suit :

« Cette décision, qui est une protestation contre le statut actuel des marins et qui demande à être modifiée d'urgence, fut adoptée par une Conférence, composée des différents représentants des marins, tenue en Norvège, il y a environ quinze mois.

Cette décision fut ensuite soumise au Gouvernement norvégien ainsi qu'au premier ministre, M. Gunner Knudsen qui est un des plus grands armateurs norvégiens, et celui-ci déclara qu'il ne voyait aucune raison valable pour continuer à appliquer le statut des marins qui règlemente actuellement la vie et le travail des marins. Il ajoute, de plus qu'il espérait le voir aboli avant l'ajournement du Parlement.

La Norvège, la Suède et le Danemark se sont réunis en commission, dans le but de proposer aux trois pays des changements aux lois actuelles pour les mettre en harmonie avec les idées modernes.

Le président de la section norvégienne de la Commission paritaire, représentant le Gouvernement norvégien, soumit la décision à une assemblée tenue en septembre 1919.

A une autre assemblée, tenue en Suède quelque temps plus tard, le chef de la délégation norvégienne attira l'attention sur la décision en question et, de la part de son Gouvernement, exprima l'espoir que le principe de la décision servit de base à l'établissement de la nouvelle loi.

Aux pages 69, 70 et 71 du rapport IV du Bureau international du Travail de la Société des Nations, Code des marins, nous voyons que déjà en 1914, et à la suite d'une Conférence entre représentants du Gouvernement, des armateurs et de marins, une proposition avait été soumise au Parlement français, demandant que les statuts des marins fussent changés. Cette proposition permet aux marins de terminer leur contrat dans un port quelconque en prévenant de 2 à 12 heures à l'avance, ce qui est conforme à la sûreté du vaisseau et des passagers.

Comme base de la troisième décision, nous avons pris les rapports des Nations séparément, suivant les rapports qui se trouvent au N. IV du Bureau international du Travail, Société des Nations, Code des marins. Dans ce rapport nous remarquons que les marins (personne ne peut être marin tant qu'il n'a pas signé le contrat d'engagement) qui ne se rendront pas à bord en temps voulu, peuvent si le maître d'équipage le désire, être embarqués de force avec ou sans le concours de la police. Nous remarquons également que si le marin déserte ou s'échappe du vaisseau (ce sont seulement les prisonniers, les serfs et les marins qui s'échappent ; les autres quittent simplement leur travail), le chef d'équipage peut le faire arrêter, comparaître devant les tribunaux et condamner à la prison.

De telles lois n'ont pas pour but la protection des marins dans leur ensemble, ni la protection de la société, mais surtout la protection des armateurs qui désirent s'en servir.

J'ai indiqué, aussi brièvement que possible, le statut des marins et les punitions que ces derniers peuvent encourir en essayant de s'esquiver de leur service à bord. Ils sont obligés de travailler contre leur gré et peuvent encourir l'emprisonnement s'ils cherchent à casser ou cassent leur contrat, mais le chef d'équipage, représentant l'armateur, peut annuler le contrat à n'importe quel lieu ou date, en payant au marin comme dommages et intérêts de un à trois mois de gages. Il peut le faire, même quand il ne peut trouver une raison légale pour renvoyer le marin, et si les dommages et intérêts ne sont pas payés, il n'y a aucune peine de prison, ni pour le chef d'équipage, ni pour l'armateur. Je me permets respectueusement de soumettre ceci aux juristes présents en leur demandant si cela s'appelle l'égalité devant la loi ?

Je demande aux représentants des différentes nations si ces lois sont basées sur des principes démocratiques et si c'est de cette manière qu'ils comptent remplir les promesses faites au marin après que celui-ci a donné sa vie pour la libération du monde et pour ravitailler les affamés pendant la dernière guerre. Nous ne pouvons croire que cette Conférence, tenue pour la protection des marins, puisse voter contre cette décision.

Quelques personnes ont protesté énergiquement contre un mot dans cette décision — le mot « serf ». — Si vous pouvez trouver un autre mot, qui définisse mieux le statut actuel des marins, on pourra l'employer, mais je fais à nouveau appel aux juristes pour leur indiquer la différence légale entre l'homme qui ne peut quitter la propriété de ses maîtres et le marin qui ne peut quitter son vaisseau en sûreté dans un port. Existe-t-il une différence entre les punitions imposées aux serfs désobéissants ou évadés, et le marin qui n'obéit pas dans un port ou s'évade. Il y en a qui semblent croire que, nous autres marins, ne pouvons comprendre et sentir notre statut, et que nous ne pouvons sentir la différence qui existe dans les lois entre marins et armateurs. A ce sujet, permettez-moi de dire qu'il a pu en être ainsi, il y a de longues années, mais depuis que je navigue, j'ai souvent entendu dire par des marins : « je me suis encore vendu » au lieu de « je me suis embarqué à nouveau ». Ceci est une réponse suffisante. Il y a également parmi les armateurs, certains d'entre eux qui disent « Si le contrat ne vous plaît pas, vous n'avez qu'à ne pas le signer ». A ceci, je répondrai que lorsque Esaü revint de la chasse affamé, et qu'il demanda à manger à son frère, celui-ci lui répondit : « Oui, à condition que vous me cédiez votre droit d'aînesse ». Ce marché fut fait, car Esaü avait faim, et il devint l'esclave de son frère.

Pour terminer, je tiens à vous rappeler que le témoignage du serf n'avait aucune valeur contre son maître, à moins qu'il ne fût appuyé soit par le témoignage d'autres personnes, soit par des faits surgissant pendant le procès. Le témoignage du marin contre le navire, l'armateur ou le maître d'équipage a, à peu près, la même valeur. Nous savons cela par expérience devant les consuls et les tribunaux.

Ces lois, qui forcent le marin à travailler contre sa volonté et en font un esclave, doivent être repoussées, et le marin doit être traité comme les autres hommes quand le vaisseau est à bon port.

Toute autre mesure moins radicale rendra de jour en jour plus difficile le recrutement d'hommes se respectant pour le travail en mer. »

M. KYRIAKIDES, *Représentant des armateurs grecs*, parle en anglais. L'interprète résume ses paroles comme suit :

« J'en appelle aux délégués des Gouvernements et non à ceux des marins ou des armateurs. Je leur rappellerai que des bateaux ont été abandonnés par leurs équipages et que le départ de ces navires a été ainsi retardé de 15 à 20 jours sans raison valable, simplement parce que l'équipage voulait s'en aller. Je sympathise avec les revendications des marins, mais je ferai constater que le contrat qui oblige le marin oblige également l'armateur.

En Grèce, si nous voulons congédier un marin au cours d'un voyage, nous sommes contraints, par la loi, de lui payer 4 mois de salaire et son voyage de retour. En revanche, si un marin de l'équipage veut quitter le navire soit à Buenos-Ayres, soit à un port quelconque en cours de traversée, il peut partir sans payer de dommages-intérêts. Ces faits que j'avance, je puis les prouver.

Toutefois, je désire qu'il y ait un contrat explicite rédigé en termes clairs, un contrat réciproque qui garantisse aux deux parties droits égaux et justice égale. A ce point de vue, je propose la solution suivante, que je vous demande, messieurs, d'examiner avec soin :

« Un contrat d'engagement devra être rédigé, assurant, au point de vue juridique, des droits égaux aux armateurs et aux marins, et obligatoire pour les deux parties. En aucun cas, les marins ne seront autorisés à abandonner les navires dans un port à l'étranger, avant qu'ils aient terminé leur voyage, s'il s'agit d'un voyage de circumnavigation, ou avant l'expiration de la période de temps pour laquelle les marins ont été engagés. Dans le cas où l'armateur ou les armateurs désirent congédier un membre de l'équipage dans un port à l'étranger, l'armateur est tenu de payer les dépenses de rapatriement, et deux mois de gages, sauf dans le cas où le marin a été reconnu incapable d'accomplir le travail pour lequel il a été engagé ou a donné des preuves de désobéissance. Ce contrat devra être inséré dans le rôle d'engagement. »

Telle est, messieurs, la résolution que je vous propose. J'espère que vous voudrez bien l'examiner dans l'esprit qui l'a dictée. J'ai reçu récemment une communication d'un capitaine de navire qui me signale du désordre à son bord, et cela parce qu'il n'y a pas de loi. Je m'adresse spécialement aux délégués gouvernementaux, parce qu'ils disposent de deux voix, alors que les armateurs et marins n'en ont qu'une. Je désire, avant tout, que chacun reçoive justice et droit égal. »

M. GIGLIO, *Suppléant de M. Giulietti, représentant des marins italiens, et membre de la Commission :*

« Quand on se reporte aux faits, on constate que le marin n'a pas une égalité de droits juridiques et sociaux avec les armateurs. Quand ce marin, libre, est dans un port et désire exercer son droit d'homme libre pour s'en aller, la loi intervient pour empêcher l'exercice de ce droit. C'est dans cet esprit que mes amis anglais et moi-même avons soutenu la proposition qui a été faite par la délégation norvégienne. Pour éclaircir la situation et empêcher que se continuent les confusions qu'on a essayé de faire ici, je propose l'ordre du jour suivant :

« La Conférence, après avoir entendu les conclusions de la minorité de la Commission, pour l'étude d'un code international maritime, affirme le principe de la plus parfaite égalité sur le terrain juridique et social des droits des marins et des armateurs. »

M. Albert THOMAS, *Secrétaire général de la Conférence :*

« La France a commencé à examiner la question en 1913 ; il y a un rapport remarquable déposé à la Chambre des Députés, un projet en 120 articles sur la situation juridique du marin. Je sais bien que la guerre a passé, mais aujourd'hui on reconnaît la quasi impossibilité de reprendre le projet de 1913 et son auteur lui-même tend à déposer un nouveau projet.

Conclusion : c'est que nous voulons bien retenir les indications qu'on donne au Bureau, mais avoir une indication de principe nette, complète, une résolution.

Je dis que cela n'est pas possible. Alors, à quoi aboutissons-nous ? Je veux vous proposer comme conclusion des débats quelque chose qui, au premier abord, apparaît peut-être comme contradictoire, mais qui serait la vérité : c'est que vous acceptiez de retenir non pas les considérations de la motion norvégienne, mais, d'une part, la motion de M. de Rousiers et, d'autre part, la motion de M. Giglio. Elles ne sont pas contradictoires. La motion de M. de Rousiers indique qu'il y a le contrat de travail, les rapports entre le marin et l'armateur, qu'il y a des sanctions civiles, un contrat civil, et qu'il y a d'autre part un certain nombre de règles d'ordre public sur lesquelles je suis sûr qu'aucun des Etats qui sont ici représentés ne voudrait passer le trait noir sans tenir compte de leur situation générale ; enfin, la motion de M. Giglio indique que le problème se pose de l'égalité nécessaire entre armateurs et marins, des rapports de droit, alors que la plupart du temps, c'est la question des rapports entre le marin et le bateau qui se trouve envisagée. C'est tout cela qu'il importe d'examiner, la motion de M. de Rousiers disant qu'il y a nécessité d'étudier toutes les règles d'ordre public, la motion de M. Giglio disant qu'il y a nécessité de s'acheminer vers la plus grande assimilation possible des contrats des travailleurs de la mer aux contrats des travailleurs de la terre.

Ce sont deux indications que le Bureau pourra prendre en considération au moment où il s'agira de discuter et d'apporter un projet précis.

Je crois qu'en procédant ainsi nous aurons fait du bon travail. Aller plus loin à l'heure actuelle, c'est s'engager dans une voie dangereuse et aller dans l'équivoque et dans la confusion.

Il faut l'éviter, il ne faut pas condamner d'avance ce que l'on appelle le contrat de servage du marin, contrarier d'avance les règles d'ordre public : il faut les assouplir quelquefois, mais cela vaut un examen.

Je conclus en demandant à la Conférence de voter les deux résolutions qui ne sont pas contradictoires. »

La résolution norvégienne n'étant manifestement pas acceptable par la Conférence, le Secrétaire général proposa de renvoyer les motions de MM. de Rousiers et Giglio à la Commission de rédaction pour être combinées en une résolution unique. Cette proposition fut acceptée par 44 voix contre 14 et le texte qui suit fut soumis à la Conférence et accepté le 10 juillet par 41 voix contre 16.

PROJET REVISE DES RESOLUTIONS A SUBSTITUER A LA RESOLUTION NORVEGIENNE FIGURANT DANS LE RAPPORT DE LA MINORITE DE LA COMMISSION DU STATUT INTERNATIONAL DES MARINS.

La Conférence reconnaît que les contrats de travail des marins de tous pays contiennent deux catégories de clauses :

(i) Des clauses ayant un caractère d'ordre public, et formulées dans l'intérêt public ;

(ii) Des clauses d'un caractère d'ordre privé, formulées dans l'intérêt des armateurs ou des marins ou des uns et des autres.

La Conférence affirme les principes suivants :

(1) Dans la mesure du possible, les clauses d'ordre public doivent être identiques dans les différents pays.

(2) Pour leurs droits et obligations juridiques réciproques tels qu'ils résultent des clauses d'ordre privé, les armateurs et les marins doivent être placés sur un pied de stricte égalité.

(3) Les violations des clauses des contrats de travail passés entre les marins et les armateurs ne seront passibles de sanctions pénales que s'il s'agit de violations des clauses d'ordre public ayant pour objet de défendre l'intérêt public et non des intérêts privés et dans ce cas même, à la condition d'une intervention expresse des autorités publiques.

(4) Les violations des clauses des contrats de travail ne pourront donner lieu à une action devant les tribunaux civils que si ces contrats ont été librement consentis par les deux parties.

En conséquence, la Conférence invite le Bureau international du Travail à ne pas perdre de vue l'application des principes ci-dessus énoncés, lorsqu'il fera des enquêtes en vue de l'établissement d'un statut international des marins traitant des contrats de travail et de la discipline, et à les rappeler, dans la mesure du possible, dans tout projet, susceptible d'être incorporé dans le statut international et relatif à l'une de ces questions, qu'il pourra soumettre à des sessions ultérieures de la Conférence internationale du Travail

Conformément au règlement de la Conférence, la recommandation proposée par la Commission et adoptée par la Conférence, fut renvoyée à la Commission de rédaction. Elle fut finalement adoptée par la Conférence par 69 voix et 3 abstentions dans la forme suivante :

Recommandation concernant l'établissement de statuts nationaux des marins

La Conférence Générale de l'Organisation internationale du Travail de la Société des Nations,

Convoquée à Gênes par le Conseil d'administration du Bureau international du Travail, le 15 juin 1920,

Après avoir décidé d'adopter diverses propositions relatives à « l'examen de la possibilité d'établir un statut international des marins », question formant le quatrième point de l'ordre du jour de la session de la Conférence tenue à Gênes, et

Après avoir décidé que ces propositions seraient rédigées sous forme d'une recommandation,

adopte la recommandation ci-après, qui sera soumise à l'examen des Membres de l'Organisation internationale du Travail, en vue de lui faire porter effet sous forme de loi nationale ou autrement, conformément aux dispositions de la Partie relative au Travail du Traité de Versailles du 28 juin 1919, du Traité de Saint-Germain du 10 septembre 1919, du Traité de Neuilly du 27 novembre 1919, et du Traité du Grand Trianon du 4 juin 1920 :

La Conférence internationale du Travail, considérant que, par une codification claire et systématique des lois nationales de chaque pays, les marins du monde entier, qu'ils soient employés à bord de navires appartenant à leur propre pays ou à un pays étranger, pourront mieux connaître leurs droits et leurs devoirs, et considérant que cette codification avancera et facilitera l'établissement d'un statut international des marins, recommande à chacun des Membres de l'Organisation internationale du Travail de procéder à l'incorporation, dans un statut des marins, de toutes ses lois et réglementations relatives aux marins considérés comme tels.

CHAPITRE IV

LA COMMISSION PARITAIRE MARITIME ET LE CODE INTERNATIONAL.

Au cours de la session tenue à Londres au mois de mars 1920, le Conseil d'administration du Bureau international du Travail décida d'instituer une Commission paritaire composée de douze membres, cinq représentants des armateurs et cinq représentants des marins qui seraient nommés par la Conférence de Gênes, et deux membres choisis par le Conseil d'administration. Cette Commission se réunit sur convocation du président du Conseil d'administration qui préside à ses débats.

Dans sa séance du 9 juillet 1920, la Conférence de Gênes approuva les désignations faites respectivement par le groupe des délégués armateurs et des délégués marins :

Armateurs :	*Marins :*
M. Deckers (Belgique).	M. Döring (Allemagne).
M. Hori (Japon).	M. Giulietti (Italie).
M. Cuthbert Laws (Gde-Bretagne).	M. Nilsen (Norvège)
M. Nordborg (Suède).	M. Rivelli (France).
M. Robb (Canada).	M. Havelock Wilson (Gde-Bretagne).

Au cours de sa 5e session, le Conseil d'administration compléta la composition de la Commission paritaire maritime, en adjoignant aux personnes déjà nommées deux de ses membres, M. Robert Pinot, représentant patronal français et M. Oudegeest, représentant ouvrier hollandais.

Les questions que soulève l'établissement d'un code maritime international sont de la compétence de cette Commission dont la première séance eut lieu le 8 novembre 1920.

Le Directeur du Bureau international du Travail lui soumit à cette occasion un rapport complet sur les travaux déjà entrepris en vue de l'établissement d'un code international des marins. Dans ce rapport, il proposait la méthode de travail suivante :

1. *La matière d'un statut international des marins.*

Il est certainement difficile et peut-être inutile d'essayer de fixer avec précision les limites d'un statut des marins dans le domaine général du droit maritime.

Le rapport approuvé par la Conférence de Gênes prévoit un code qui se rapporterait plus spécialement à la situation du marin comme tel. Il est évident que les rapports nombreux que le marin a en commun avec d'autres membres de la Société ne peuvent pas être compris dans des dispositions faites pour sa condition spéciale de marin, et il semble évident d'autre part que certaines parties du droit maritime qui se rapportent au marin seulement au même degré qu'elles intéressent les autres personnes, dont les intérêts sont protégés par le droit maritime, ne tombent pas dans les limites d'un statut spécial des marins.

Voilà pourquoi le Bureau international du Travail a le devoir de chercher à trouver une délimitation générale du domaine auquel s'appliquerait un statut international des marins, pour que son œuvre n'empiète pas sur celle d'autres organisations qui s'occupent d'une façon internationale de l'unification et de la codification du droit maritime.

Le domaine général du droit maritime peut se diviser comme suit :

1. — Les matières qui intéressent le marin plus spécialement dans sa condition de travailleur maritime.

Ces matières sont traitées par le Bureau international du Travail et il est à prévoir que d'autres organisations ne les inscriront pas dans leur programme.

2. — Certaines matières qui, tout en touchant directement le marin dans sa condition de travailleur maritime, intéressent également et vitalement ses intérêts dans le monde maritime.

Il est à prévoir que ces matières ne seront pas traitées par d'autres organisations sans consultation préalable avec le Bureau international du Travail et les organisations qui s'occupent de l'élaboration d'un code international des marins.

3. — Les matières plus générales se rapportant au domaine maritime qui n'intéressent pas spécialement les travailleurs maritimes.

Celles-ci feront naturellement partie du domaine d'autres organisations. Il est entendu que, dans ses efforts généraux pour améliorer et pour sauvegarder les intérêts des marins, qui pourraient être touchés indirectement par ces matières, le Bureau international du Travail peut, de temps à autre, coopérer avec ces organisations.

Il serait difficile de dresser une liste complète et définitive des différentes matières à classer sous ces différentes rubriques. Cependant, il n'est pas sans intérêt d'avoir la liste suivante des sujets généraux, qui peuvent tomber sous la première rubrique et seraient par conséquent dans le domaine du Bureau international du Travail.

1. — Le placement des marins ;

2. — Le contrat d'engagement et le contrôle des autorités publiques sur ce contrat ;

3. — Les obligations du marin envers l'armateur et la règlementation du travail à bord du navire (heures de travail, repos hebdomadaire, etc...);

4. — Les salaires, leur mode de paiement, les suppressions et rétentions de salaire, les saisies et cessions de salaire ;

5. — La nourriture et le logement des marins à bord des navires, et d'une manière générale les mesures relatives à l'hygiène des marins ;

6. — Règles relatives à la sécurité à bord des navires ;

7. — Les maladies et blessures des marins ;

8. — Le rapatriement des marins débarqués en pays étrangers ;

9. — Les conditions d'expiration des contrats d'engagement et notamment le droit pour le marin de résilier son contrat d'engagement dans certains ports et dans certaines conditions ;

10. — Les règles relatives à la conciliation et, le cas échéant, au jugement des conflits individuels survenus entre un armateur ou un capitaine et un marin (règles de compétence des tribunaux et règles de procédure) ;

11. — Fixation d'un âge minimum pour l'admission au travail maritime ;

11 *bis*. — Fixation d'un âge minimum pour l'admission au travail dans les machines ;

12. — Composition des effectifs à bord des navires et réglementation de l'emploi de la main-d'œuvre étrangère à bord des navires ;

13. — Assurance des marins contre l'invalidité, la maladie, assurance de vieillesse ou pension de retraite, assurance contre le chômage par suite d'un naufrage ou pour toute autre cause ;

14. — Service d'Inspection du travail maritime, chargé de contrôler l'application des conventions, lois et règlements relatifs à la durée, à l'hygiène, à la sécurité du travail maritime ;

15. — Discipline à bord des navires ;

16. — Règles relatives à la solution par voie de conciliation et d'arbitrage des conflits collectifs du travail maritime, établissement de statuts de salaire avec détermination uniforme dans tous les pays des éléments devant entrer en compte dans l'établissement de ces statuts ;

17. — Accord de réciprocité internationale intéressant les marins notamment au sujet des remises de salaire, dû à des marins étrangers, des successions des marins décédés dans un pays ou sur un navire étranger, de l'assistance aux marins en cas de maladie, blessure, naufrage, etc... Ces matières peuvent faire l'objet d'un grand nombre de conventions internationales. Quelques-unes de ces questions ont été déjà traitées à la Conférence de Gênes, d'autres ont été proposées par la Conférence de Gênes comme des sujets susceptibles de codification internationale. Il serait chimérique de vouloir entreprendre pour toutes ces matières, une codification complète établie dans un ordre absolument logique. D'ailleurs un tel effort n'est pas d'une nécessité absolue. Ce qui importe, c'est que dans un délai qui ne soit pas trop long, les conventions nécessaires pour régler internationalement ces matières puissent être préparées, discutées, et, espérons-le, adoptées. Quand une pareille tâche sera terminée, ce qu'on appelle le statut international du marin sera fait. A ce moment, un groupement des différentes conventions sous forme de code ne présentera aucune difficulté.

2. *Organisation des travaux.*

Les travaux préliminaires nécessaires à l'élaboration d'un statut international des marins peuvent être divisés de la manière suivante :

1. — Groupement des matériaux, des informations et des documents. Classification méthodique des matériaux réunis.

Communication des résultats acquis et des questionnaires aux Gouvernements et aux personnalités intéressées. Correspondance avec les Gouvernements et les organisations professionnelles d'armateurs et de marins.

2. — Etude et emploi des matériaux obtenus et classés selon le paragraphe ci-dessus. Préparation des questionnaires pour leur envoi aux Gouvernements et aux organisations professionnelles d'armateurs et de marins. Préparation des projets relatifs à l'établissement d'un statut international des marins.

3. — Critique des projets par des juristes compétents représentant le point de vue et les intérêts divers des différents pays.

4. — Critiques générales et mise au point du travail des juristes par des représentants (autres que des juristes) des intérêts en cause.

5. — Communication aux ministères des divers pays en vue d'obtenir l'avis des personnalités officielles.

6. — Examen final des divers projets d'un statut international.

D'une façon générale, la tâche définie dans le premier paragraphe incombera au personnel régulier du Bureau international du Travail, qui a maintenu sous une forme réduite sa Section maritime créée en vue de la préparation de la Conférence de Gênes.

Les fonctions décrites dans le deuxième paragraphe pourront être remplies par un juriste compétent au service du Bureau international, en collaboration avec la Section de Jurisprudence du Secrétariat de la Société des Nations.

Les fonctions définies dans le troisième paragraphe seront attribuées à une Commission de juristes choisis dans différents pays et reconnus comme particulièrement compétents.

Les fonctions décrites dans le quatrième paragraphe incomberont actuellement à la Commission paritaire maritime.

Le cinquième paragraphe définit la méthode habituellement adoptée par le Bureau international dans la préparation de ses projets tandis que les fonctions du paragraphe six sont, à proprement parler, celles de la Conférence internationale du Travail.

3. *Etendue du travail envisagé*

Le rapport de la Commission du statut international des marins, tel qu'il a été approuvé par la Conférence de Gênes, suggère les cinq sujets suivants comme susceptibles de codification immédiate :

1) Contrat d'engagement.

2) Logement des marins à bord.

3) Discipline.

4) Conciliation entre les marins pris individuellement et leurs employeurs.

5) Assurance sociale et industrielle pour les marins et possibilité de réciprocité internationale à cet égard.

Il est évidemment impossible de s'attaquer immédiatement à l'ensemble du domaine qui sera éventuellement étudié. Une disposition logique et complète est moins nécessaire qu'un progrès sûr et régulier. La Commission de Gênes a reconnu ce fait en suggérant les domaines particuliers dans lesquels la codification devait être tentée.

La Conférence internationale du Travail pourra être appelée, de temps à autre, à examiner les projets de parties d'un code général ayant trait à des sujets particuliers, tout comme elle a adopté à Gênes différentes conventions ayant trait à des sujets divers. Le corps de ces diverses conventions pourra, en temps utile, constituer le statut international des marins.

En rassemblant les documents et les matériaux, on ne devra jamais perdre de vue l'ensemble du domaine des relations des marins. Tout en couvrant soigneusement les sphères d'activité particulières de ceux-ci, notre documentation ne devra pas se borner à ces sphères.

Après une longue discussion, la Commission aboutit aux conclusions suivantes :

1° La Commission approuve le plan d'ensemble proposé pour l'élaboration du statut international des marins ;

2° Elle demande au Bureau international du Travail de s'informer auprès des Gouvernements des mesures prises ou envisagées par eux dans l'établissement de statuts nationaux demandés par la Conférence de Gênes ;

3° Elle le charge également d'adresser aux Gouvernements ainsi qu'aux organisations nationales des armateurs et des marins un mémoire sur la méthode adoptée pour l'élaboration d'un statut international, en les priant de lui communiquer leurs observations ;

4° Elle propose d'entreprendre comme premier travail un projet de codification internationale pour le contrat d'engagement des marins.

CHAPITRE V

CONCLUSION

Dans les pages qui précèdent, nous avons rassemblé tous les documents relatifs à la proposition d'établissement d'un code international maritime, ainsi que les propositions formulées par la Commission paritaire maritime.

Le questionnaire qui est reproduit ci-dessous a été élaboré en conformité de ces propositions et le Bureau international du Travail serait heureux de recevoir le plus tôt possible les réponses des gouvernements à ce questionnaire, ce qui aurait pour effet de faciliter la continuation de ses travaux.

Le Bureau étant tenu d'autre part, en vertu de la résolution adoptée par la Conférence de Gênes, de présenter un rapport à la Conférence au cours de sa prochaine session, qui s'ouvrira en octobre 1921, il serait utile que les réponses à ce questionnaire lui fussent communiquées avant le 1er juillet.

I. — Quelles sont les mesures déjà prises ou envisagées par votre Gouvernement en vue de l'établissement des statuts nationaux prévus par la résolution de la Conférence de Gênes ?

A ce propos il est intéressant de remarquer qu'une tentative de ce genre a déjà été faite en France. Une commission, présidée par M. Grunebaum-Ballin, a réuni en un projet de loi toutes les dispositions légales en vigueur relatives au contrat d'engagement et à la protection des marins en général. Ce projet est très complet, et rien de comparable n'a été fait dans aucun autre pays ; nous en donnons le texte en annexe, dans l'espoir qu'il pourra être de quelque utilité aux Gouvernements, au moment où, conformément à la résolution de Gênes, ils entreprendront la codification de leurs lois maritimes.

2. — Quelle est l'opinion de votre Gouvernement au sujet de la méthode de travail approuvée par la Commission paritaire maritime pour l'élaboration du statut international des marins ?

3. — Quelles sont les suggestions préliminaires que votre Gouvernement pourrait avoir à faire au sujet du statut international relatif au contrat d'engagement des marins ?

ANNEXE

I. — AVANT-PROJET FRANÇAIS DE CODE DU TRAVAIL MARITIME DE 1913-1914

Note préliminaire

La législation française relative au travail maritime et aux rapports entre les armateurs et les marins se compose principalement, à l'heure actuelle, d'anciens règlements datant du XVIIe et du XVIIIe siècle et même du XVIe siècle, d'une vingtaine d'articles du Code de commerce promulgué sous le règne de Napoléon Ier, de la loi du 17 août 1907 sur la sécurité de la navigation et la réglementation du travail à bord des navires de commerce.

C'est en vue de codifier et de compléter cette législation que, cinq mois après la création du Sous-Secrétariat d'Etat de la Marine marchande, M. de Monzie, alors député et Sous-Secrétaire d'Etat (aujourd'hui sénateur), réunit une Commission composée de représentants des armateurs, de représentants des marins, de juristes et de fonctionnaires. Il confia la présidence de cette Commission à M. Grunebaum-Ballin, ancien membre du Conseil d'Etat, Président du Conseil de Préfecture de la Seine, qui avait eu, précédemment, et à de nombreuses reprises, notamment en qualité de collaborateur de M. Briand, l'occasion de participer à des travaux législatifs et de se consacrer à l'étude des questions concernant la condition des travailleurs.

Cette Commission termina ses travaux en avril 1914. Elle avait adopté, après des votes qui, dans la très grande majorité des cas, furent unanimes, les 195 articles d'un projet de code intitulé « *Avant-projet de loi sur le contrat d'engagement maritime* ».

Cet avant-projet devait faire l'objet d'une grande enquête avant d'être déposé sur le bureau de la Chambre des Députés.

Dans la première partie de son rapport, dont d'importants extraits sont reproduits ci-dessous, et qui constitue un commentaire général de l'avant-projet sur le contrat d'engagement maritime imprimé ci-dessous *in-extenso*, M. Grunebaum-Ballin s'exprimait ainsi :

« Avant de transformer ces dispositions en un projet de loi

soumis au Parlement, il convenait de recueillir dans une vaste enquête les avis et les appréciations de tous les intéressés, de toutes les organisations corporatives d'armateurs et de marins, des associations vouées à l'étude des questions concernant la législation du travail ou la législation maritime, des juristes versés dans la science du droit de la mer. Des réformes d'une si large envergure, des textes si multiples et si complexes ne sauraient être promulgués soudainement du haut de quelque Sinaï parlementaire. Une longue élaboration, précédant même la discussion devant les Chambres, leur est nécessaire. Consulter les intéressés, confronter les observations et les critiques des groupements professionnels, des jurisconsultes et des praticiens du droit, alléger par avance les débats parlementaires de l'examen des questions sur lesquelles l'accord préalable et quasi-unanime des intérêts et des compétences a pu se réaliser, faire ainsi participer, dans une certaine mesure, l'élément professionnel et syndical ainsi que l'élément technique et scientifique à l'œuvre législative, c'est en réalité appliquer une méthode très moderne, mais déjà usuelle de confection des lois. C'est sans doute la méthode de l'avenir, et s'il n'y en a pas trace dans les lois constitutionnelles, on peut dire qu'elle a pris place dans la « Constitution non écrite ».

Cette manière de procéder si rationnelle pour l'élaboration des lois internes, plus nécessaire encore pour la préparation des lois internationales, ne fut pourtant pas appliquée en France à l'occasion de l'Avant-projet de code du travail maritime. La guerre étant survenue en août 1914, l'enquête projetée n'eut pas lieu..

Il y a lieu de remarquer que, dans l'avant-projet ci-dessous imprimé, beaucoup d'articles constituent une codification, dans le sens propre du terme, c'est-à-dire reproduisent les règles aujourd'hui en vigueur en France ; mais beaucoup d'autres articles contiennent des innovations importantes ou complètent les lois et règlements actuellement en vigueur.

EXTRAIT DU RAPPORT

adressé au Sous-Secrétaire d'Etat de la Marine marchande sur les travaux de la Commission chargée d'étudier la refonte des textes relatifs au contrat d'engagement des gens de mer.

(Commission du Code du Travail Maritime)

par

M. Grunebaum-Ballin

Président de la Commission.

C'est à partir du deuxième titre que l'avant-projet traite de l'objet essentiel d'un code du travail maritime : à savoir la législation du contrat d'engagement maritime. Dans ce titre sont inscrites les dispositions fondamentales, celles qui traduisent les idées générales dont s'est inspirée la commission.

Il fallait d'abord définir le contrat d'engagement maritime, puis englober dans une formule suffisamment large toutes les personnes susceptibles de participer à ce contrat, soit en louant leurs services, soit en employant ceux d'autrui moyennant salaire. D'après l'article 5 de l'avant-projet, sont armateurs et soumis comme tels, en principe, à la loi du contrat de travail maritime, tous ceux qui utilisent et rétribuent les services d'autrui pour une navigation maritime : le modeste patron d'un bâtiment de pêche, les petits armateurs au bornage ou au cabotage national, les sociétés plus importantes composées d'un certain nombre d'associés qui pratiquent également l'industrie des transports maritimes, les puissantes sociétés anonymes de navigation commerciale par qui sont monopolisés, dans une large mesure, les services du long cours et beaucoup de services du cabotage international, enfin les administrations publiques comme celle des douanes ou celle des ponts et chaussées qui équipent un bâtiment de mer et embauchent des marins pour les besoins de leurs services, les particuliers qui arment un yacht pour une croisière de plaisir, utilisent un navire pour une exploration scientifique ou organisent un hôpital flottant.

Et d'après l'article 6 du même avant-projet, sont marins et soumis comme tels, en principe, à la loi sur le contrat de travail maritime, toutes personnes quels que soient leur âge, leur sexe et leur grade dans la hiérarchie du bord, qui louent leurs services à un armateur pour une navigation maritime : le capitaine, le lieutenant, le commissaire et le médecin, l'officier-mécanicien, le chauffeur et le soutier, le matelot de pont, le cuisinier, le maître d'hôtel, le garçon de cabine, la femme de chambre, l'interprète, et, enfin, le dernier venu mais non le moins utile parmi tant de professionnels dont les aptitudes spéciales sont mises au service de cet organisme d'une complexité sans cesse croissante qu'est le navire moderne : le radio-télégraphiste.

De telles généralisations sont évidemment heureuses. Elles sont simplificatrices : elles mettent fin à beaucoup de controverses encore mal éteintes : par exemple à celles qui se sont élevées sur le point de savoir si telle ou telle disposition des textes maritimes aujourd'hui en vigueur était ou non applicable aux agents, devenus si nombreux, qui assurent, principalement sur les grands navires affectés au transport des passagers, les services non spécifiquement nautiques, et qu'on désigne sous le nom générique de personnel du service général.

Il était évidemment nécessaire de sortir des limites vraiment trop étroites du Code de commerce, d'envisager tous les genres de navigation maritime, même ceux qui n'ont aucun caractère commercial. Le contrat de travail maritime n'a en lui-même rien de commercial ; c'est par la substitution des tribunaux de commerce aux anciens tribunaux d'amirauté et par l'incorporation du droit maritime dans le Code de commerce qu'une fausse conception du caractère de ce contrat a prévalu ; cette conception doit disparaître, surtout si l'on admet l'important changement de compétence juridictionnelle que consacre le titre VIII de l'avant-projet.

Mais en généralisant et en simplifiant de la sorte, on ne devait pas perdre de vue les distinctions, les exceptions et les dérogations que comporte l'application des principes d'une loi générale à une foule de situations très diverses et très spéciales.

Pour accomplir cette tâche délicate, on a dû ne pas hésiter à formuler, en une très longue série d'articles, des textes nombreux et détaillés qui devront encore être complétés par plusieurs règlements d'administration publique.

Il fallait aussi dégager le vrai caractère du contrat d'engagement maritime, lui restituer son homogénéité véritable, l'unifier, pour employer un mot que la politique a mis à la mode.

La qualité de ces parties d'un même contrat, que la jurisprudence, la doctrine et la pratique appellent aujourd'hui « contrat maritime » et « contrat civil », est purement artificielle ; elle tient à l'imperfection des textes vieillis et inadéquats aux besoins présents. Elle doit être abolie avec ces textes eux-mêmes.

Depuis fort longtemps les rapports contractuels entre armateurs et marins s'établissent bien souvent, soit pour toute une série d'embarquements, soit, à l'avance, pour un embarquement périodiquement renouvelé (dans la grande pêche, par exemple). L'engagement qui coïncide avec un seul embarquement, qui est conclu pour un seul voyage, une seule expédition, une « aventure », comme on disait au temps jadis, n'est plus le type unique d'embauchage maritime ; il tend même à devenir le mode le moins usité.

Depuis que la substitution si fréquente de la machine à la voile a révolutionné la navigation maritime, le matériel naval s'est transformé : les grandes sociétés anonymes ont apparu, concentrant, pour se livrer à l'industrie des transports maritimes, d'immenses capitaux, employant de très importants effectifs, qui sont répartis dans des cadres, avec une hiérarchie et des règles d'avancement. Dans le cabotage comme dans le long cours, les services de transports par mer fonctionnent de nos jours avec une fréquence, une rapidité et une régularité qui les rendent sans cesse plus assimilables aux services de transports terrestres. Presque toutes les grandes entreprises d'armement ont un *personnel entretenu* qui comprend tous leurs officiers, payés d'une manière permanente, aussi bien pendant les embarquements successifs que dans les intervalles entre les divers embarquements, sauf différence entre la solde de mer et la solde de terre, et qui peuvent être affectés indifféremment à tel ou tel navire.

Sans jouir des mêmes avantages, les gens d'équipage n'ayant pas rang d'officier restent bien souvent pendant de fort longues années au service d'un même armateur. D'autre part, les contrats de grande pêche usités dans certains ports prévoient expressément la continuité de l'engagement dans l'intervalle entre les périodes d'embarquement et stipulent le payement d'un salaire de terre, différent de la rémunération acquise au cours de la navigation.

Enfin, une profonde transformation sociale, économique, intellectuelle a commencé dans le personnel maritime avec les progrès du machinisme, le développement des connaissances techniques, le groupement des intérêts professionnels. Une organisation corporative remarquablement forte est née ; elle est déjà toute prête à la pratique de ces conventions collectives, auxquelles un rôle primordial est réservé dans les rapports entre le capital et le travail au vingtième siècle, parce qu'à la froide égalité juridique, à l'égalité insuffisante et quelque peu fictive des droits individuels, elles ajouteront l'égalité dynamique, la pleine et véritable égalité des forces économiques et sociales.

Tant de changements, et si considérables, survenus dans les mœurs et dans la pratique des contrats, le droit maritime écrit les ignore : il n'en tient nul compte. Comme au temps des anciennes ordonnances, comme en 1807, époque de la mise en vigueur du Code de commerce, le contrat d'engagement maritime proprement dit est, en principe, légalement réputé conclu pour un voyage. Quand les articles 252, 254, 258, 265 du Code font mention de marins loués ou engagés au voyage, par opposition à ceux qui sont loués ou engagés soit au mois, soit au profit ou au fret, c'est uniquement à un mode spécial de rémunération, à savoir la solde fixée à forfait pour un voyage, qu'ils font allusion ; car, dans l'esprit de ces textes, toujours en vigueur, l'engagement, quel que soit le mode de rétribution, ne saurait avoir d'autre durée que celle du voyage. Et la durée du voyage est en général celle du rôle d'équipage, puisque, d'après le décret du 19 mars 1852, le rôle doit être renouvelé à chaque voyage, exception faite pour les petites navigations et sauf aussi les dérogations qu'ont apportées à la règle des circulaires nombreuses et contradictoires dans le « dédale » desquelles, déclare M. Danjon (1), il n'est pas toujours facile de se reconnaître. C'est

(1) *Traité de droit maritime*, tome I, page 423.

toujours la vieille idée du marin attaché au service du navire armé et non celle du marin lié par contrat à l'armateur qui domine le travail maritime. La notion de durée du contrat et celle de durée du rôle d'équipage demeurent, par là même, étroitement et presque indissolublement associées dans la jurisprudence et dans la pratique administrative, dans le langage et dans l'esprit des intéressés.

A la vérité, on a, dès le début du siècle dernier, senti confusément la nécessité d'un régime légal où le contrat d'engagement serait distinct du rôle, et déborderait le rôle, pour ainsi dire. A preuve la circulaire du 22 novembre 1827 relative aux engagements à long terme. Mais la combinaison que recommandait cette circulaire est demeurée peu connue et peu pratiquée.

En fait, l'administration maritime, protectrice des gens de mer, ne s'intéresse au contrat maritime qu'en tant qu'il commence et finit avec le rôle d'équipage, ou, plutôt, elle ne connaît pas d'autre contrat maritime, considérant que tout ce qui précède l'embarquement administratif ou suit le débarquement administratif lui est étranger et relève d'un contrat civil. Ainsi, par la plus singulière discordance entre la légalité et la réalité, des rapports permanents, en fait, maintenus souvent pendant de longues années entre un armateur et un marin, à travers un longue série de voyages qui s'enchaînent l'un à l'autre, se traduisent, en droit, par une succession d'embarquements, d'inscriptions sur un rôle d'équipage, c'est-à-dire par de multiples solutions de continuité du lien juridique.

De là bien des conséquences choqua[illegible]s, nombre de difficultés pratiques résolues par des solutions bâtardes. De là, pour les gens de mer, la précarité de l'emploi, l'insécurité matérielle et morale, et, pour les armateurs, l'instabilité du personnel qui engendre le mauvais fonctionnement des services. En deux occasions les tribunaux de commerce de Marseille (jugement du 10 juin 1902, confirmé par arrêt de la cour d'Aix) et du Havre (jugement du 19 février 1907) ont essayé de réagir ; par une argumentation évidemment critiquable en droit ils ont tenté de reconstituer l'unité réelle de ce contrat aujourd'hui brisé en morceaux. Effort inefficace ; il faut que le législateur intervienne, qu'une base légale vraiment solide soit offerte à des rapports durables et prolongés entre le patronat et les salariés du monde maritime. Ainsi seulement peut s'établir et se développer progressivement cette collaboration confiante et loyale qui doit unir les dirigeants et les travailleurs et sans laquelle le sort des entreprises maritimes, dont le succès importe grandement à la prospérité nationale, deviendra chaque jour plus incertain. Ainsi seulement sera-t-il possible d'organiser raisonnablement le régime du repos périodique pour les marins, de tenir compte des droits que doit conférer l'ancienneté des services.

Pour atteindre ce but, il suffit de reconnaître une vérité de bon sens : c'est que, dès qu'il y a accord des parties, l'une louant son travail, l'autre l'utilisant moyennant salaire en vue de l'un des services que comporte la navigation maritime, il y a un seul et même contrat se prolongeant tant que les parties contractantes sont les mêmes, soit sur plusieurs navires, soit pendant plusieurs embarquements. Ce contrat unique n'est pas tantôt « civil » et tantôt « maritime », suivant les expressions si impropres qui sont aujourd'hui courantes. Il est l'un et l'autre tout à la fois.

Il est entièrement maritime : car dès le jour où il est conclu, fût-ce longtemps avant tout embarquement, son objet exclusif ou tout au moins essentiel, est un service à accomplir sur un bâtiment de mer ; les périodes de séjour à terre comprises dans la durée de ce contrat, et pendant lesquelles le marin accomplit rarement une prestation de service au profit de l'armateur, mais reste le plus souvent à la solde, et toujours à la disposition, de ce dernier, sont tout à fait accessoires. L'autorité maritime, dont l'une des attributions primordiales est d'intervenir, lors des engagements, pour protéger les travailleurs maritimes et exiger le respect des dispositions légales et réglementaires qui régissent le louage de leurs services, doit donc participer à la formation de ce contrat maritime antérieur à l'embarquement ; elle doit le considérer en lui-même et indépendamment du rôle d'équipage.

Tels sont les principes nouveaux qui sont contenus dans les articles 4 et 10 de l'avant-projet.

Ces idées simples et logiques se seraient sans doute imposées depuis longtemps si elles n'étaient contraires à la vieille tradition des lois maritimes. Seule, la législation espagnole (décret royal du 18 novembre 1909) en a fait explicitement de remarquables applications ; la plupart des autres législations étrangères sont restées conformes à la tradition.

Ce même contrat est aussi entièrement civil. Il est dominé depuis le premier jusqu'au dernier jour de son exécution par les règles générales du droit civil des contrats. Il est encore civil en un autre sens; il n'a plus l'aspect d'un prolongement du service dans la marine militaire comme sous l'ancien régime, où le système des « classes » était en vigueur, et où les gens d'équipage étaient considérés comme des marins d'Etat, temporairement mis à la disposition de la marine marchande.

Les auteurs du projet du Code disciplinaire et pénal l'avaient déjà compris.. C'est ainsi qu'ils ont emprunté à la loi allemande, à la *Seemannsordnung* du 2 juin 1902, une disposition qui met les deux parties contractantes sur un pied d'égalité absolue en ce qui concerne les conditions de résiliation et notamment les délais de préavis. Ce qui doit donc caractériser la législation du travail maritime, c'est l'égalité juridique des parties contractantes, qui est l'âme des contrats synallagmatiques et produit l'équilibre des obligations réciproques. D'autre part, dans le projet disciplinaire et pénal, l'abandon du navire par l'homme d'équipage qui y est embarqué constitue le délit « d'absence irrégulière » et perd la qualification de « désertion » que lui donne le décret-loi de 1852 : cette expression flétrissante doit être désormais réservée à la législation pénale militaire pour désigner le soldat qui quitte son poste, le marin, embarqué sur l'un des vaisseaux de la République, qui abandonne la flamme aux couleurs nationales.

Par une étroite analogie avec le contrat de louage de services du droit commun, avec le code du travail de terre, le contrat d'engagement maritime doit comprendre trois catégories, distinctes par la durée : 1° contrat pour une durée déterminée — c'est l'un des modes d'engagement de services « à temps » auquel fait allusion l'article 20 du Code du travail, qui prohibe les contrats de durée perpétuelle ou viagère ; 2° contrat pour une durée indéterminée — c'est en fait une forme très usitée dans la marine de commerce, et qui est identique au contrat régi par les dispositions si importantes de l'article 23 du Code du travail (ancien article 1780 du Code civil) et par les articles 26 et 27 de ce code ; 3° contrat pour la durée d'un voyage correspondant exactement au contrat pour une « entreprise déterminée » du droit terrestre (article 20 du code du travail) — c'est l'antique forme du contrat maritime qui cesse d'être exclusive de toute autre, mais conservera, dans la législation future, la place importante qui lui revient.

L'avant-projet est fondé sur cette division tripartite.

Mais si l'engagement maritime est un contrat civil de louage de services, gouverné par les mêmes principes généraux que le contrat de travail dans les professions exercées à terre, il n'en demeure pas moins un type tout à fait spécial de contrat de travail : il réclame une législation qui lui soit propre. Concilier dans la mesure du possible les règles générales du régime légal des travailleurs, telles que les conçoit et les formule le droit moderne, avec les nombreuses prescriptions particulières dont les traditions séculaires et les nécessités immuables de la navigation maritime réclament le maintien, tel est précisément le but qu'on s'est proposé en élaborant une loi sur l'engagement maritime.

On l'a dit souvent, et en termes si saisissants qu'il faut les reprendre (1) : il n'y a pas seulement sur le navire un contrat qui s'exécute entre le capitaine, représentant de l'employeur, et les marins employés par lui ; il y a une véritable association de toutes les personnes soumises aux risques de la navigation, une « société particulière », un Etat en miniature. Cette « petite société », véritable institution « de droit public », a un chef, le capitaine, auquel appartiennent des pouvoirs de police et de commandement, et qui doit pouvoir disposer de moyens coercitifs ; elle est régie par une discipline sévère, comparable, sinon identique, à la discipline militaire, et qui comporte nombre de sanctions disciplinaires ou pénales. Le contrat de droit privé se double en quelque sorte, à partir du moment où il se réalise et s'exécute sur un navire qui va prendre la mer, d'une association de droit public. Par l'engagement aux conditions duquel il adhère, le marin entre dans le contrat qui le lie

(1) Circulaire ministérielle du 2 mai 1884 ; Atthalin, *Rapport sur le projet de code disciplinaire et pénal*, pages 25-27 ; Ripert, *Traité de droit maritime*, p. 373-375.

à l'armateur. Par la formation du rôle d'équipage sur lequel il figure, il entre dans la société du navire et se soumet à ses lois, accepte par avance, en cas d'infraction, les mesures répressives qui en assurent le respect. Employé de l'armateur, le marin devient en outre, à partir de la revue d'armement et de la clôture du rôle de l'équipage, le *fonctionnaire* du navire, suivant l'expression très juste de M. Ripert.

Cette juxtaposition du contrat bilatéral de louage de services et de la société hiérarchique du navire fait comprendre pourquoi la simple sanction civile, celle des dommages-intérêts, seule admise par le droit commun (droit civil, art. 1142), est inefficace ici, pourquoi la législation contractuelle de l'engagement maritime ne se suffit pas à elle-même et doit trouver son complément nécessaire dans les textes d'un code disciplinaire et pénal. Elle explique certaines dispositions de l'avant-projet qui différencient profondément la condition du marin embarqué et celle de l'ouvrier travaillant à terre : l'article 21, paragraphe 3, qui défend au marin, même en dehors des heures de service, de s'absenter du bord sans autorisation ; l'article 30 (art. 26 de la loi du 17 avril 1907), qui interdit au marin de refuser ses services quand le navire est en mer, quelle que soit la durée des heures de travail qui lui sont commandées ; l'article 133, qui supprime pendant le service à la mer l'exercice du droit de résiliation du contrat.

Ainsi, dans l'engagement maritime, les nécessités de l'ordre public apparaissent à tout instant. Dans la législation de ce contrat de travail si spécial, le droit privé et le droit public, conformément à la tendance séculaire des lois maritimes, s'imprègnent l'un de l'autre : car loin d'être un droit archaïque et suranné, le droit maritime est, à bien des égards, un droit précurseur ; il offre de multiples exemples de cette pénétration réciproque du droit privé et du droit public qui est peut-être la caractéristique de l'évolution juridique contemporaine.

L'ordre public, si directement intéressé à l'observation des devoirs que le marin est tenu de remplir tout à la fois envers l'armateur et envers la société de l'équipage, ne l'est pas à un moindre degré, ni en vertu d'une tradition moins ancienne, à la protection des gens de mer et à la défense de leurs droits. L'interventionnisme de l'Etat, qui n'a prédominé dans la législation ouvrière générale que depuis une période récente, n'est pas une nouveauté dans les textes concernant le travail maritime. Quand le décret du 4 mars 1852 a déclaré d'ordre public et ne pouvant, par suite, être écartés par aucune convention contraire, les anciens textes relatifs à l'engagement des gens d'équipage, et à leurs loyers ou salaires, il n'a fait que fortifier un principe depuis longtemps admis, et dont les auteurs de l'actuel avant-projet se sont constamment inspirés. Sur les 195 articles de l'avant-projet, il n'en est guère plus de 20 qui règlent l'engagement maritime par des stipulations interprétant la volonté présumée des parties et susceptibles d'être mises à l'écart dès que la commune intention des contractants s'exprime en sens contraire.

Tous les autres contiennent des prescriptions impératives s'imposant aux parties en dépit d'elles-mêmes et réputées d'ordre public, au sens de l'article 6 du code civil, parce qu'aucune convention contraire ne saurait prévaloir contre elles (art. 192 de l'avant-projet). Ainsi l'élément public, c'est-à-dire légal ou réglementaire, domine, à tout moment, dans l'engagement maritime, l'élément purement contractuel ou privé. L'autorité maritime, qui représente la volonté sociale, doit, en conséquence, assister et même participer à la formation du contrat né de l'accord des volontés particulières. Loin d'innover, l'avant-projet complète et achève l'œuvre commencée par l'édit de juillet 1720, l'ordonnance du 31 octobre 1784 et l'article 250 du Code de commerce, en posant les règles inscrites dans les articles 10 à 16. Allant plus loin que l'article 250, il frappe de nullité toute convention d'engagement maritime autre que celle qui est passée par écrit devant le fonctionnaire représentant l'autorité maritime, lequel devient ainsi, plus complètement encore que par le passé, le notaire du contrat d'engagement maritime. Et il est ainsi mis fin radicalement aux controverses des auteurs et aux hésitations de la jurisprudence sur la valeur et la force probante des conventions distinctes du rôle d'équipage, dont fait mention l'article 250 du Code de commerce.

De plus, à l'imitation des législations maritimes de l'Angleterre, de l'Allemagne, de l'Italie, les points sur lesquels les parties sont tenues de s'expliquer, et qui doivent obligatoirement faire l'objet des clauses du contrat, sont nettement déterminées (art. 10 et 11). La loi, prenant des précautions contre l'imprévoyance des parties, fixe les cadres de ce contrat presque autant public que privé, et en indique les traits essentiels.

Quant à l'insertion, dans l'engagement maritime, de stipulations contraires aux prescriptions déclarées d'ordre public, la procédure organisée par les articles 16 et 182 permet d'y faire obstacle sans cependant laisser l'administration trancher elle-même des questions souvent fort délicates, pour la solution desquelles l'intervention d'un juge est indispensable.

Plusieurs des textes insérés dans le premier chapitre du titre troisième, et qui ont trait aux obligations du marin envers l'armateur, sont nouveaux et sans précédent dans notre droit maritime actuel. Il est bon que, dans une législation sur le contrat d'engagement, les obligations d'une des parties comme celles de l'autre soient nettement énoncées et opposées, se faisant en quelque sorte contre-poids, afin que chacun des contractants connaisse aussi nettement l'étendue de ses devoirs que celle de ses droits et trouve, dans l'exposé de ses propres obligations, la justification et la garantie de celles dont il peut exiger l'exécution de la part de son co-contractant. C'est ce que le Code civil a fait pour le louage de choses, pour le bail, mais a négligé de faire pour le louage de services, pour le contrat de travail ; et, depuis lors, cette lacune n'a guère été comblée. Même dans le droit politique et constitutionnel, on a pu songer à ce dyptique qui comprendrait, à côté de l'énoncé des droits, l'énumération des devoirs : un membre illustre de la Constituante, l'abbé Grégoire, n'avait-il pas proposé de décréter, en même temps qu'une déclaration des droits, une déclaration des devoirs du citoyen ?

Puisqu'à partir de la formation du rôle d'équipage, à partir du moment où il doit s'exécuter à bord d'un navire, le contrat d'engagement maritime se complète et se fortifie par la constitution de la société de l'équipage — société dotée d'une loi pénale qui lui est propre — il est naturel de faire connaître aux intéressés que les mesures répressives auxquelles ils sont exposés ne sont jamais des actes arbitraires d'une autorité s'imposant à eux par la force et la contrainte, mais des sanctions d'une violation, par eux commise, de l'un des devoirs qui leur incombent. Si forte que doive être l'autorité du commandement dans ce petit Etat que constitue la société du navire, elle n'est pas celle d'un monarque absolu. Il faut que les gens d'équipage, en comparant la liste des fautes disciplinaires maritimes et des délits maritimes avec celle de leurs obligations contractuelles, sentent que l'application d'une peine ne résulte pas du caprice d'un chef, mais bien d'un manquement à l'une des règles du contrat social de la mer, auquel ils ont volontairement adhéré. Il faut qu'ils aient conscience de n'être pas les subordonnés d'un maître despotique, « de véritables esclaves », disait l'antique loi maritime des Rhodiens, mais bien les « citoyens du navire », suivant la belle expression de Montesquieu (1) et qu'ils sachent que, quand ils sont frappés, c'est pour avoir enfreint la loi de la cité flottante.

Au reste, plusieurs législations étrangères contiennent une énumération analogue des obligations du marin. Le texte de l'article 31 de l'avant-projet est emprunté aux articles 77 et 78 des lois maritimes de la Suède, de la Norvège et du Danemark.

Le second chapitre introduit dans la codification de l'engagement maritime les dispositions de la loi du 17 avril 1907, relatives à la réglementation du travail à bord des navires. On sait l'importance de cette loi, la seule qui soit intervenue depuis les ordonnances du dix-huitième siècle, pour la protection légale des travailleurs maritimes. Bien que récents, ces textes, comme on l'a déjà indiqué, ont paru comporter des modifications. Quelques-unes sont d'ordre secondaire. Plus graves sont les différences entre l'article 28 de la loi de 1907 relatif au repos hebdomadaire, et les articles 33 à 37 de l'avant-projet qui statuent sur la même matière. Ces articles n'ont été rédigés et adoptés par la majorité de la Commission qu'après une discussion très longue et très vive. Le principe du repos hebdomadaire, inscrit dans la législation du travail maritime, depuis 1907, ne pouvait plus être mis en cause ; si lourdes qu'aient été pour l'armement les conséquences de sa mise en vigueur, d'impérieuses raisons d'hygiène et d'équité sociales en commandaient le

(1) Montesquieu, *Esprit des lois*, livre XXVI, chap. 25.

maintien. Mais, sur les modalités d'application, l'antagonisme entre les intérêts opposés des armateurs et des personnels maritimes a, presque au lendemain de la loi de 1907, fait naître des conflits d'une acuité particulière. La grande grève de 1909, terminée par la sentence arbitrale de M. Ditte, en date du 3 juillet 1909, avait créé, au moins pour les grands services maritimes, dont Marseille est le port d'attache, une sorte de statut contractuel du repos hebdomadaire qui est devenu, aux yeux des intéressés, comme une annexe et un redressement de l'article 28 de la loi de 1907. Il a paru également impossible, soit de ramener le personnel maritime de la Méditerranée au régime antérieur à la sentence Ditte, — bien que cette solution ait été réclamée au nom du Comité central des armateurs, — soit de laisser ce personnel bénéficier seul des avantages découlant du nouveau régime institué par la sentence arbitrale, les marins des ports de l'Océan et de la Manche en demeurant exclus.

Les textes sur le repos hebdomadaire s'inspirent donc, dans leur ensemble, de la sentence Ditte. Le procédé du repos compensateur, accordé à terre avec solde dans tous les cas où aucun repos n'a pu être accordé en mer pendant le voyage, a été largement admis. Il a semblé nécessaire de reconnaître franchement que, pour le personnel des machines, le repos hebdomadaire n'était pas pratiquement applicable en mer et devait être remplacé par le repos compensateur aux escales ou au port d'attache. Il a été tenu compte de toutes les restrictions au principe général que comportaient les conditions et les exigences de la vie maritime. Pour donner à l'armement des facilités propres à atténuer les charges que ce progrès de la législation sociale fait peser sur lui, on a admis des dérogations à la règle du repos périodique pendant une journée entière, et il a été décidé que le repos compensateur pourrait être donné par fractions d'une demi-journée, ainsi que le prévoient, dans certains cas, les dispositions concernant le repos hebdomadaire dans les professions non maritimes (art. 42 et 43 du Code du travail). Enfin la Commission a écarté complètement, par un accord unanime de ses membres, tout remplacement du repos périodique, non accordé normalement, par des avantages pécuniaires (heures supplémentaires, double solde, etc.). On n'a pas voulu que la suppression partielle du repos périodique, exigé par la loi dans un intérêt social, puisse être consentie par les parties, achetée en quelque sorte par l'armateur au marin. L'idée du repos effectif a prévalu d'une manière absolue. Il restera, sur ce point, à compléter par des dispositions répressives cette partie de la législation de l'engagement maritime, afin que l'armateur, qui enfreindrait les prescriptions légales sur le repos hebdomadaire et le marin qui les détournerait de leur but véritable en travaillant moyennant salaire au service d'un tiers, pendant la journée où un repos compensateur avec solde lui est accordé par l'armateur, soient également punis.

D'autre part, les pénalités actuellement prévues, en cas d'infraction aux prescriptions concernant la réglementation du travail à bord, par les articles 33 et 40 de la loi du 17 avril 1907, trouveront, semble-t-il, leur place naturelle dans la loi pénale et disciplinaire de la marine marchande.

***

Soixante-dix articles, soit plus du tiers de ceux que comprend l'avant-projet, se trouvent groupés dans le titre quatrième, qui règle les obligations de l'armateur et, par conséquent, les droits du marin. La protection légale des travailleurs maritimes est ainsi fortement maintenue et développée. Sans entrer ici dans l'examen détaillé d'une réglementation touffue et complexe, on se bornera à signaler, dans le chapitre premier, consacré aux salaires, les prescriptions destinées à garantir les marins pêcheurs, rétribués à la part, contre les dissimulations, les fraudes et les combinaisons dolosives dont ils peuvent être victimes dans ce système suranné de rémunération (art. 40 et 52 à 55), certaines dipsositions novatrices, comme celles de l'article 56 qui prévoit la consignation partielle des salaires, des articles 79 et 80 qui facilitent, à la femme et aux enfants mineurs du marin, le prélèvement, sur les salaires de leur mari ou père, des sommes indispensables pour subvenir à leurs besoins ; des articles 83 et 84 qui précisent dans quelles limites les salaires des marins peuvent être saisis.

On sait combien est étroite la tutelle des gens de mer organisée sous l'ancien régime. Une immixtion aussi directe et aussi constante de l'administration dans les rapports pécuniaires entre armateurs et marins ne répond plus, dans beaucoup de cas, aux habitudes et aux idées du temps présent. Il est nécessaire d'abolir certaines des anciennes règles, de restreindre ou d'assouplir l'application de celles qui méritent d'être conservées. Les articles 62, 63, 70 et 71 de l'avant-projet modifient assez sensiblement les prescriptions des anciens règlements (déclaration du 18 décembre 1728; arrêt du conseil du roi du 19 janvier 1734) qui interdisent tout payement d'acompte, d'avance ou de solde des salaires, hors la présence du représentant de l'autorité maritime. Quant aux dispositions de l'ordonnance du 1er novembre 1745 qui défendent aux officiers et autres gens d'équipage de consentir des prêts les uns aux autres et édictent la nullité des billets et obligations souscrits à l'occasion de ces prêts, elles ont paru devoir être purement et simplement abrogées.

L'obligation de nourrir le personnel embarqué n'avait fait, jusqu'à la loi du 17 avril 1907, l'objet d'aucune réglementation légale. Les prescriptions, si utiles, édictées par l'article 31 de cette loi et par les dispositions réglementaires postérieures, ont été reprises et complétées. Une nouvelle obligation, non moins importante a été édictée à la charge des armateurs : celle de fournir aux marins logés à bord les objets indispensables de couchage. Il est douloureux de penser qu'une telle prescription, dictée par un sentiment élémentaire d'humanité et les nécessités les plus évidentes de l'hygiène, n'est pas conforme à la pratique la plus généralement suivie à l'heure présente, et puisse sembler à quelques-uns une audacieuse innovation. L'obligation corrélative d'entretenir en bon état les postes d'équipage et les objets de couchage avait été mise précédemment (article 22) à la charge des marins.

Lorsque l'ordonnance de 1681 (livre III, titre IV, art. 2), par une disposition presque textuellement reproduite dans l'article 262 du code de commerce, reconnaissait au marin, blessé au service du navire ou tombé malade pendant le voyage, le droit d'être payé de ses loyers et pansé au service du navire, elle consacrait, dans le droit maritime, ces principes de justice sociale qui ne devaient apparaître qu'à la fin du dix-neuvième siècle dans la législation terrestre sur les accidents du travail et le risque professionnel. « Colbert, a-t-on pu dire, devançait de deux siècles la marche des idées » (1). Il ne pouvait être question, dans la codification nouvelle, de priver les marins de l'un quelconque des avantages que leur confère l'article 262 du code de commerce, si heureusement complété par les lois du 21 avril 1898 et 29 décembre 1905 et plusieurs autres lois, plus récentes encore, sur la caisse de prévoyance. La modification de la disposition prévoyant le payement, pendant quatre mois, du plein salaire au marin tombé malade en cours de voyage ou blessé au service du navire — disposition qui fait aux marins une situation si favorable par comparaison avec celle des ouvriers travaillant à terre et qui constitue une si lourde charge pour l'armement — n'a été demandée par personne. Le statut des gens de mer malades ou blessés se trouve, même, encore amélioré sur plusieurs points (art. 94, § 4, 96, § 2, 105). La réforme la plus importante en cette matière consisterait assurément à transférer à la caisse de prévoyance les charges incombant aujourd'hui à l'armement ; elle serait conforme aux intérêts des armateurs et à ceux des marins. On ne pouvait l'introduire directement dans l'avant-projet sur le contrat d'engagement maritime, puisqu'elle exigeait une grave modification des lois sur la caisse de prévoyance. Du moins la commission a-t-elle voulu amorcer cette réforme, en quelque sorte, et indiquer, sous une forme plus énergique que celle d'un vœu, combien elle paraissait souhaitable.

Tout en coordonnant les dispositions des articles 258 et 262 du code de commerce relatifs au rapatriement et les règles suivies à ce sujet par la jurisprudence ou contenues dans la réglementation administrative (décrets des 22 septembre 1891 et 24 décembre 1896), l'avant-projet a rétabli l'obligation pour les armateurs de payer les frais de conduite. On sait que la disposition du décret-loi du 4 mars 1852 qui déclarait d'ordre public cette obligation traditionnelle inscrite dans l'arrêté du 5 germinal an XII (art. 1er et 8) a été modifiée par une décision impériale du 22 mars 1862 d'une légalité extrême-

(1) Demolière, administrateur de l'Inscription maritime : *L'article 262 du code de commerce* (dans *Bulletin de la marine marchande* : numéro de mai 1907, p. 180).

ment contestable ; et, en fait, depuis un demi-siècle, les armateurs ont, dans l'immense majorité des engagements, fait souscrire aux marins une renonciation expresse à la conduite. La commission a estimé que, sans revenir à la vieille règle de la conduite de retour jusqu'au quartier d'inscription, aujourd'hui sans utilité pratique, il convenait de faire supporter aux armateurs, en les limitant au strict minimum, les frais de retour jusqu'au port d'embarquement (art. 111). Cette disposition devrait, d'après l'avant-projet, figurer parmi celles auxquelles il ne peut être dérogé par la convention contraire.

Enfin les articles 113 et suivants, relatifs aux créances et privilèges des marins, augmentent assez sensiblement les garanties dont ils jouissent actuellement ; elles reproduisent les dispositions d'un projet de loi déposé le 5 juin 1897. L'application aux créances des gens d'équipage des dispositions de l'article 216 du code de commerce qui permet à l'armateur de limiter sa responsabilité par l'abandon du navire et du fret a, depuis longtemps, paru choquante. Le comité maritime international, dans la conférence de Paris (octobre 1900), avait adopté une résolution tendant à ce que cette limitation de responsabilité ne fût plus admise à l'égard de cette catégorie de créances. L'article 113 de l'avant-projet est conforme au vœu ainsi émis.

Quelques dispositions légales, fort peu nombreuses, aujourd'hui groupées dans les articles 20 et suivants du code du travail, ont trait à l'extinction du contrat de louage de services dans les industries de terre. En regard de cette législation laconique dont la doctrine et la jurisprudence ont dû combler les lacunes, 28 articles concernant la fin du contrat d'engagement maritime figurent dans le titre cinquième de l'avant-projet. La commission, en les formulant, a-t-elle donc été trop prolixe ? Nous ne le croyons pas. Tout d'abord l'engagement maritime, en dehors des cas d'extinction individuelle du contrat qu'on rencontre dans le droit commun, en comporte d'autres, qui lui sont propres, et, notamment, ceux de rupture collective des engagements du personnel embarqué sur un même navire, par suite de l'un des multiples accidents de la vie maritime. Les hasards et les périls de la mer ont donné naissance à ces modes, traditionnels en quelque sorte, d'expiration du contrat d'engagement maritime. Ce sont ceux-là que le Code de commerce avait assez minutieusement réglementés dans les articles 252, 253, 254, 257 et 258. L'avant-projet conserve, presque sans aucune modification, ces règles depuis si longtemps pratiquées et quelque peu modernisées par la loi du 12 août 1885 ; on s'est seulement efforcé de les disposer dans un ordre plus clair et plus méthodique.

Quant aux modes d'extinction du contrat qui sont communs au louage de services maritimes et au louage de services terrestres, il a paru bon de les définir et d'en préciser les cas d'application pour chacune des trois catégories d'engagement maritime, distinctes par la durée. Ici, les plus larges emprunts ont pu être faits à la législation générale du travail terrestre. Le paragraphe 1er de l'article 270 du Code de commerce n'accorde au marin congédié une indemnité — due par le capitaine et non par l'armateur — que s'il justifie avoir été renvoyé sans motif valable, et met ainsi à sa charge la preuve d'un fait négatif ; le paragraphe 4 du même article refuse toute indemnité au marin congédié après avoir été dûment engagé, si le renvoi a lieu avant la clôture du rôle d'équipage ; ce sont là des dispositions violemment dérogatoires au droit commun, contraires à l'équité, contraires même à la législation en vigueur sous l'ancien régime : elles disparaissent dans l'avant-projet. On leur substitue les règles établies par le Code civil.

Tout en introduisant dans le droit maritime ces règles, posées par les articles 23, 25, 26 et 27 du Code du travail, on a pensé qu'il n'était pas indispensable de reproduire servilement les termes de ces articles, qu'on pouvait adopter une rédaction révélant plus nettement le sens véritable de ces dispositions telles qu'elles sont aujourd'hui interprétées par la doctrine et la jurisprudence de la cour de cassation.

Mais, sauf sur un point particulier qui a été traité, comme on le verra tout à l'heure, dans l'article 158, la commission n'a pas été plus loin. C'est évidemment d'une revision du Code du travail de terre qu'il faut attendre les corrections et les améliorations que nécessite la législation actuelle, si insuffisante en ce qui concerne le congédiement et le délai-congé. Le projet adopté sur ce sujet en 1905 par le conseil supérieur du travail n'a encore abouti à aucun résultat devant le Parlement.

Une énumération, d'ailleurs non limitative, des motifs légitimes de congédiement et de congé a semblé opportune. Elle est de nature à éviter beaucoup de litiges. Des prescriptions nettes, précises et détaillées sont ici bien à leur place. Le droit maritime, a-t-on dit justement, est « épris de certitude ».

Une question particulièrement délicate, touchant à la fois au droit pénal et disciplinaire et au droit contractuel de la marine marchande, est celle qui a trait à la délimitation de la période de service à la mer, pendant laquelle aucune résiliation de l'engagement contracté par le marin ne doit avoir effet. Cette question touche aux intérêts primordiaux de l'armement. Longuement étudiée et discutée par la commission de 1905 et par le conseil supérieur de la navigation, elle avait abouti au texte du paragraphe 1er de l'article 34 du projet de code disciplinaire et pénal ; ce texte a été vivement critiqué depuis lors par les organisations corporatives maritimes. L'article 133 donne à ce problème une solution complexe mais complète. L'accord s'est fait en deuxième lecture sur sa rédaction, entre les représentants de l'armement et ceux des divers personnels.

***

En groupant dans un même titre — le sixième de l'avant-projet — les dispositions spéciales aux officiers et celles qui concernent les capitaines, la commission a commencé par reconnaître que l'ensemble des textes sur l'engagement maritime était en principe, et sauf dérogation expresse, entièrement applicable aux états-majors. Mais elle a naturellement maintenu la distinction classique entre le rôle technique du capitaine et son rôle représentatif et commercial; c'est le premier seul, celui qui résulte d'un véritable contrat de louage de services, qui rentre dans le domaine d'application d'une loi sur l'engagement maritime. Le second, qui naît d'un contrat de mandat commercial, doit continuer à être régi par les dispositions du Code de commerce et spécialement par les articles 221 à 249 de ce Code. Mais il n'est pas possible de ne pas tenir compte, dans la loi sur le contrat de travail, de cette condition mixte du capitaine. Aussi l'article 155 de l'avant-projet confirme-t-il l'article 238 du code de commerce qui interdit au capitaine de rompre son engagement en cours de voyage. S'il a paru d'une rigueur excessive de maintenir purement et simplement les dispositions de l'article 218 de ce code, en vertu desquelles l'armateur peut à tout moment congédier brusquement le capitaine sans en donner de motif, et ce sans indemnité, à moins de convention écrite, l'application des règles générales précédemment adoptées pour le congédiement des marins n'a pas été admise : l'article 156 de l'avant-projet statue spécialement sur ce point.

L'avant-projet pose en principe que les officiers ont droit à un repos périodique (art. 150) ; ce droit ne résulte jusqu'ici d'aucun texte précis, mais il n'est guère contesté dans la pratique, et a été reconnu dans la sentence arbitrale intervenue le 25 mars 1914 pour mettre fin au conflit entre la Compagnie des Messageries Maritimes et les officiers mécaniciens de cette Compagnie.

Après avoir, dans la plus large mesure, et sauf certaines restrictions spéciales au capitaine, ramené les membres des états-majors de la marine marchande, comme les équipages, sous l'application des règles générales sur le congédiement, établies par le Code civil et le Code du travail, la commission n'a pas cru avoir assez fait.

Rien ne préoccupe plus légitimement les travailleurs de tout ordre, les employés supérieurs ou subalternes, les ouvriers, les marins, que le sort de ceux d'entre eux qui, vieillis au service d'un patron, sont renvoyés après de longues années de service et alors que leur âge leur enlève l'espoir de retrouver aisément un nouvel emploi.

Dans la discussion sur le délai-congé qui a eu lieu en 1905 au Conseil supérieur du travail, cette préoccupation s'est fait jour. Mais jusqu'ici aucun projet législatif adopté, soit par ce Conseil, soit par l'une des Chambres, n'a admis que les salariés, ou du moins que ceux qui sont restés longtemps au service du même employeur, puissent être indemnisés en cas de congédiement, dans tous les cas où ils n'ont commis aucune faute, et obtiennent une allocation dont le minimum serait fixé d'avance par la loi, en proportion de la durée des services écoulés ; les tribunaux, jusqu'ici très parcimonieux dans le calcul de ces allocations, ne conserveraient ainsi que la faculté de les arbitrer à un taux supérieur au minimum légal. Une proposition de loi de M. Leboucq qui se rattachait au même ordre d'idées n'a pas eu de suite.

C'est là une des lacunes les plus déplorables de la législation sociale.

Les salariés du monde maritime, et particulièrement les officiers de la marine marchande souffrent singulièrement de la précarité des emplois, d'autant plus pénible quand le poste est occupé depuis longtemps ; ils se plaignent de l'absence de toute garantie découlant de l'ancienneté dans l'avancement. Dans les premières séances tenues par la commission, ils ont fait entendre de vives doléances à ce sujet. M. Quillent, au congrès des conseils de prud'hommes, en 1903, comparait l'ouvrier vieilli dans la routine d'un même emploi et congédié par son patron à l'oiseau longtemps enfermé dans une cage et qui ne sait plus voler pour trouver sa subsistance ; devant le conseil supérieur du travail, M. le professeur Jay reprenait cette trop juste comparaison et qualifiait de « lamentable » le sort du travailleur ainsi renvoyé. Mais que dire de l'oiseau de mer, usé par les fatigues de la vie marine, et qui doit du jour au lendemain s'acclimater à l'existence si différente de la terre ferme du marin congédié après vingt-cinq ou trente ans de services et placé trop souvent dans l'obligation de trouver pour lui-même ou pour les siens un gagne-pain venant compléter la maigre pension de demi-solde ?

L'injustice sociale parait flagrante, surtout quand il s'agit de ces capitaines et de ces officiers à qui l'Etat n'a permis l'exercice de leurs profession qu'après de longues études théoriques et pratiques et après la délivrance de brevets et de diplômes qui font l'objet d'une sévère réglementation. Dans l'intérêt général de la sécurité de la navigation, l'Etat exige pour l'obtention de ces brevets et de ces diplômes des connaissances techniques de plus en plus vastes. Mais tandis qu'à terre, les avocats, les médecins, les pharmaciens, exercent pour leur propre compte des professions dont l'autorité publique réglemente l'accès, et ont la liberté d'en prolonger l'exercice tant que leurs forces physiques et intellectuelles ne les trahissent pas, les titulaires des brevets et des diplômes qui assurent l'entrée dans les états-majors de la marine marchande demeurent, dans la grande généralité des cas, des salariés. Le plus souvent congédiés après de longs services, dès qu'ils ne sont plus dans la pleine vigueur de l'âge, mais longtemps cependant avant le terme normal de leur existence, ils sont mis pratiquement dans l'impossibilité de trouver, soit dans la navigation maritime, soit sur terre, un nouvel emploi.

La commission a été frappée par les considérations d'équité qui conduisent à modifier cette situation spéciale, particulièrement fâcheuse, sans préjuger des dispositions qui pourront un jour être introduites dans la législation générale, quant au congédiement des anciens ouvriers et employés des professions terriennes et qui deviendraient, par répercussion, applicables à l'ensemble des travailleurs maritimes. En établissant le droit à une modique indemnité transitoire, de congédiement, en cas d'ancienneté de services, elle a cru proposer, dans l'article 158, une bienfaisante réforme.

L'un des maîtres de la pensée juridique française, un jurisconsulte qui sait se pencher sur les hommes autant que sur les textes, M. Hauriou, doyen de la faculté de droit de Toulouse, a finement analysé le sentiment de la propriété de l'emploi, si puissant chez les salariés (1). C'est ce sentiment qui pousse le travailleur à réclamer, comme lui étant incontestablement due, une indemnité en raison du seul fait de la perte d'un emploi dont il a eu la longue et tranquille possession. C'est à ce sentiment que le texte adopté par la commission donne une satisfaction partielle, pour une catégorie de salariés à qui l'Etat doit des garanties en retour de celles qu'il exige d'eux.

Cet article a été voté à l'unanimité des membres présents moins une voix; et le représentant du comité central des armateurs a déclaré, au nom de ce comité, ne pas s'opposer à son adoption.

Les dispositions du titre septième qui concernent l'engagement des mineurs, et, plus spécialement celui des mousses, novices et pilotins, ont une double portée. D'une part il est nécessaire d'assurer, par l'embarquement des mousses, des novices et des pilotins, le recrutement des équipages et des états-majors; le grave problème de l'apprentissage est posé avec acuité dans la marine comme dans les industries de terre. L'article 162 reproduit en partie, mais renforce en même temps des dispositions de l'article 30 de la loi du 17 avril 1907 qui fixe le minimum des mousses et novices à embarquer sur chaque navire. Il est surtout indispensable, dans les circonstances actuelles, de veiller à la formation d'un nombreux personnel d'officiers mécaniciens : c'est à quoi tendent l'article 162 et l'article 161 : celui-ci donne à la vieille expression de « pilotin » un sens nouveau et plus étendu.

D'autre part, une protection particulière du travail des mineurs est nécessaire dans les services maritimes comme dans les professions terrestres : on a repris ici aussi, mais en les modifiant quelque peu, les dispositions de la loi de 1907. Enfin on a réglé la capacité du mineur qui contracte un engagement maritime. Actuellement le marin mineur, même de moins de dix-huit ans, n'est pas un apprenti, au sens que la loi civile donne à cette expression : il est en quelque sorte considéré comme émancipé spécialement pour l'exercice de sa profession. L'article 160 consacre cette situation.

---

(1) *Principes de droit public*, p. 339-342.

***

Le titre VIII de l'avant-projet est une loi de compétence et de procédure pour les litiges relatifs à l'engagement maritime. Depuis longtemps la suppression de la compétence des juges commerciaux dans les procès entre gens d'équipages et armateurs était vivement désirée. Cette compétence, qui ne s'explique qu'historiquement par le transfert aux tribunaux de commerce des attributions dévolues sous l'ancien régime aux tribunaux d'amirauté, a été souvent et justement critiquée, puisque seuls les armateurs et les capitaines participent à l'élection des juges consulaires, les gens d'équipage n'étant ni électeurs, ni éligibles. Elle ne correspond nullement, on l'a vu, au véritable caractère du contrat d'engagement maritime. Sa suppression a été votée, par la commission, à l'unanimité ; au surplus, la jurisprudence reconnait déjà aujourd'hui que les litiges relatifs au travail maritime ne relèvent pas de la connaissance des juges consulaires, quand il ne s'agit pas de marins embarqués sur des navires de commerce et de pêche.

Mais par quel magistrat remplacer le juge commercial ? Une campagne active a été menée dans les organisations professionnelles des marins en faveur de la création de conseils de prud'hommes maritimes. Les hommes les plus attachés à la défense des intérêts des travailleurs ne peuvent cependant méconnaître que la juridiction prudhomale est loin d'avoir donné tout ce qu'on attendait d'elle ; l'expérience a révélé plusieurs vices inhérents à son fonctionnement, et notamment l'abus, presque inévitable, des demandes reconventionnelles. La tendance contemporaine n'est pas en faveur de la multiplication des tribunaux d'exception, mais bien plutôt de leur suppression. Le projet de code disciplinaire et pénal de la marine marchande décrète précisément la disparition de deux juridictions spéciales. Il est vrai qu'au dix-neuvième siècle on a cru devoir, par l'institution des tribunaux prudhomaux, garantir les employés et les ouvriers contre la partialité présumée d'une magistrature de classe. Mais, par suite de circonstances sociales, économiques autant que politiques, la démocratisation de la magistrature est aujourd'hui, dans une certaine mesure, un fait accompli, et s'accentue chaque jour davantage. Personne n'oserait soutenir sérieusement que les juges de paix, juges de droit commun en matière de contrat de travail (article 5 de la loi du 12 juillet 1905) et qui, en fait, statuent dans les litiges intéressant de très nombreux salariés — soient les représentants d'une justice de classe.

Il faut bien, d'autre part, qu'on commence à se rendre compte de ce que doit être réellement la capacité technique du juge. Beaucoup s'en étaient fait une idée inexacte. Est-ce la connaissance expérimentale et professionnelle des matières se rattachant à l'objet des litiges qu'il importe réellement de rencontrer chez le juge ? S'il en était ainsi, il faudrait, non pas les quatre ou cinq juridictions qui fonctionnent aujourd'hui, mais cent juridictions différentes. Mais non : ce n'est pas là l'essentiel ; les magistrats civils, administratifs, commerciaux ou prud'homaux, ont à leur disposition quantité de moyens de se renseigner et de s'éclairer suffisamment à ce point de vue, à l'effet de résoudre les difficultés qui leur sont soumises. La technique du juge, celle qui ne s'acquiert qu'avec l'étude et la longue pratique, et qu'on ne saurait exiger de juges élus et temporaires, dépourvus de toute préparation spéciale, est toute autre chose. C'est l'art d'examiner la genèse et le développement d'un litige, de suivre les complexités d'une procédure ou d'en redresser les erreurs, de peser et de comparer la valeur des argumentations contradictoires, de lire et de confronter les textes, de dégager les solutions, et de formuler les vrais motifs de décider en tel ou tel sens, d'appliquer enfin, à la multitude des espèces diverses, les principes de droit et d'équité qui dominent tous les conflits. Même quand il s'agit de procès maritimes, il faut, pour exercer la fonction de juge, comme pour l'exercice de la profession de navigateur, des hommes de métier. Un navire conduit par des magistrats, sous prétexte que seuls des gens de robe seraient à bord, n'arriverait vraisemblablement pas à bon port.

A ces objections d'ordre général qui s'élèvent contre les magistratures électives et temporaires, il en est d'autres, spéciales aux milieux maritimes. Par les nécessités mêmes de leur profession, les marins n'ont, en fait, pas souvent la possibilité d'exercer leurs droits d'électeurs et d'éligibles à l'occasion des élections politiques, municipales ou cantonales. Quelles difficultés pratiques ne rencontrerait-on pas quand il s'agirait de constituer par l'élection des tribunaux de prud'hommes maritimes ?

La commission n'a donc pas hésité à en revenir purement et simplement à la juridiction de droit commun, commode, rapide et peu coûteuse : à celle du juge de paix. Mais elle a confié le soin de tenter préalablement la conciliation des parties à l'administrateur de l'inscription maritime. Ce fonctionnaire joue déjà aujourd'hui communément le rôle de conciliateur, dans les petits conflits entre les marins et les armateurs ou les capitaines qui les représentent.

Une justice simple et rendue à peu de frais est nécessaire aux marins : une justice aisément accessible ne l'est pas moins. A cet égard les règles de compétence territoriale posées dans l'avant-projet ont une grande importance pratique. Elles diffèrent très sensiblement de celles qui sont suivies actuellement, soit en vertu de l'article 420 du code de procédure civile, écrit pour les litiges commerciaux et s'appliquant si mal aux litiges maritimes, soit en vertu de conventions des parties. Le régime actuel, sous lequel les marins ne peuvent souvent actionner les armateurs qu'à Paris ou en telle autre ville éloignée du littoral, ne saurait être maintenu : il aboutit, en fait, à priver les travailleurs maritimes de tout recours à une juridiction. En vertu des articles 172 et 173 de l'avant-projet, le juge compétent serait celui du port où se produit le litige, dans les cas les plus fréquents, et, dans quelques autres, celui de tout port où le défendeur peut être valablement assigné.

Une question fort délicate s'est posée en ce qui concerne les capitaines des bâtiments de commerce et de pêche. Ils sont liés aux armateurs, on l'a dit, tout à la fois par un contrat de mandat commercial, donnant naissance à des difficultés qui ne peuvent être soustraites à la connaissance de la juridiction commerciale, tant que celle-ci subsiste, et par un contrat de louage de services presque identique à celui des gens d'équipage. La majorité de la commission a estimé que, malgré ce double caractère des liens contractuels, l'unité de compétence s'imposait pour tous les procès entre ces capitaines et les armateurs ; elle a décidé, en conséquence, que pour tous ces litiges, les tribunaux de commerce demeureraient compétents comme ils le sont aujourd'hui.

Le titre huitième contient enfin des règles de procédure spéciales et précises destinées à conduire par les voies les plus courtes, à leur solution, les litiges concernant l'engagement maritime.

L'immense développement des relations internationales ne permet plus de légiférer aujourd'hui sur une matière quelconque sans examiner les questions de droit international qui s'y rattachent. C'est aux plus importantes de celles-ci que sont consacrées les dispositions du neuvième titre de l'avant-projet. Elles ont été rédigées dans un esprit nettement bienveillant à l'égard des marins étrangers. La législation ouvrière tend de plus en plus à protéger uniformément tous les travailleurs, sans distinction de nationalité. L'intérêt de l'armement et l'intérêt national s'accordent pour que les marins étrangers soient attirés et retenus dans les ports et sur les navires français par un traitement favorable ; la pénurie de personnel, dans certaines catégories tout au moins, est pour la marine marchande comme pour la marine de l'Etat, un mal actuel, une menace plus grave encore pour l'avenir. Et l'intérêt des marins français commande aussi l'égalité de traitement aussi complète que possible entre eux et les marins étrangers. Il est extrêmement désavantageux pour eux que les armateurs puissent être incités à employer des étrangers, même dans les limites permises par la loi, de préférence à des nationaux, en raison de ce que la loi leur imposerait à l'égard des étrangers des obligations moins lourdes.

Ces quelques textes législatifs peuvent constituer, avec les conventions déjà intervenues entre la France et plusieurs nations maritimes (Angleterre, Allemagne, Italie, etc.) au sujet de l'assistance réciproque des marins et du payement des salaires des marins absents ou décédés, les amorces d'une législation internationale sur l'engagement des gens de mer et la protection légale de leur travail. Il est à souhaiter vivement qu'une convention internationale, suite naturelle des conventions de Bruxelles sur l'assistance en mer, et de Londres sur la sécurité de la navigation, statue un jour prochain sur cette partie essentielle de la législation maritime internationale.

Un petit nombre de dispositions générales termine l'avant-projet. L'article 193 marque fortement le lien étroit qui unit la loi sur l'engagement à la loi disciplinaire et pénale. Indépendamment des fautes disciplinaires, des délits ou des crimes prévus et punis dans le projet de loi déposé le 6 mai 1913, il sera nécessaire de sanctionner, par d'énergiques dispositions répressives, les infractions commises, soit par les armateurs, soit par les capitaines, soit par les autres marins, à la loi sur le contrat de travail maritime ; on a eu l'occasion d'en signaler plus haut quelques-unes.

Dans l'article 195 et dernier, l'avant-projet prononce l'abrogation des textes qu'il supprime ou qu'il remplace, notamment celle des dispositions des ordonnances de l'ancienne royauté et du Code de commerce de l'époque impériale, qui régissent encore, en 1914, l'engagement maritime. On pourra voir bientôt, et sans trop de regret, s'écrouler ces vestiges vénérables du passé. L'avant-projet, dont les dispositions principales viennent d'être résumées, est peut-être plus qu'une refonte, mais est bien loin d'être une totale subversion des textes actuellement en vigueur. Quand, après l'enquête à laquelle il va être procédé, une mise au point permettra de le transformer en un projet définitif, et de le soumettre, en même temps que le projet pénal et disciplinaire, aux délibérations du Parlement, il deviendra aisé de voter et de promulguer le premier et le second livres du Code du travail maritime, l'un relatif au droit contractuel, l'autre au droit pénal et disciplinaire. On peut aussi concevoir qu'un troisième livre codifie les lois sur les caisses des invalides et de prévoyance, c'est-à-dire sur les retraites, les accidents du travail et les maladies professionnelles des marins (la revision de ces textes a été récemment préparée par une commission ministérielle). Enfin les lois récentes sur le crédit maritime, si utiles aux populations du littoral, pourraient prendre place dans un quatrième livre. On s'apercevra alors que la troisième République aura su édifier, pour la protection des intérêts maritimes, dignes au premier chef de la sollicitude nationale, un monument législatif d'une majestueuse ordonnance.

AVANT-PROJET DE LOI SUR LE CONTRAT D'ENGAGEMENT MARITIME (1)

TITRE PREMIER

Du Placement.

ARTICLE PREMIER. — .. ..

ART. 2. — .. ..

ART. 3. — .. .. (2)

---

(1) Abréviations dans les références :

Cod. co : Code de Commerce.

Cod. trav. : Code du Travail, Livre Ier.

L. 1907 : loi du 17 avril 1907, concernant la sécurité de la navigation maritime et la réglementation du travail à bord des navires de commerce

Pr. disc. 1913 : projet de loi concernant le code disciplinaire et pénal de la marine marchande, déposé le 6 mai 1913, sur le bureau de la Chambre des Députés à la suite des travaux d'une Commission présidée par M. Atthalin, Membre du Conseil d'Etat — non encore voté.

(2) Par suite du progrès fait en France pendant la guerre par l'idée de l'organisation du placement des marins sans travail au moyen de bureaux « paritaires » et de la suppression proposée, et presque complétement réalisée des bureaux payants et des « marchands d'hommes » les trois premiers articles de l'Avant-projet de 1913 sont devenus sans intérêt. Ils ne correspondent plus à la situation présente et aux tendances actuelles. Beaucoup plus en rapport avec ces tendances sont les trois articles d'un projet de loi déposé à la Chambre des Députés par le Gouvernement en 1917, à la suite des travaux d'une Commission spéciale qui fut réunie, en mars 1917. Voici ces trois articles :

ARTICLE 1. — *Indépendamment de l'embauchage direct, qui demeure libre, sauf l'application des lois et règlements de police, le placement des travailleurs se proposant de contracter un engagement maritime a lieu par l'entremise des Bureaux paritaires de placement maritime.*

Ces bureaux constituent des sections professionnelles maritimes des Offices publics départementaux ou municipaux de placement créés pour les professions exercées à terre.

Des Commissions administratives, comprenant des armateurs ou anciens armateurs et des navigateurs ou anciens navigateurs, en nombre égal, sont chargés de contrôler les opérations de placement de ces bureaux et de donner leur avis sur toutes les questions intéressant le développement de ces institutions.

Les délibérations qui instituent les bureaux paritaires et les règlements qui déterminent les conditions de leur fonctionnement sont approuvés par arrêtés du Sous-Secrétaire d'Etat des Transports maritimes et de la Marine marchande qui subventionne ces bureaux sur les crédits mis à sa disposition.

ART. 2. — *A partir de la promulgation de la présente loi, aucun bureau de placement autre que ceux prévus à l'article précédent ne peut être ni demeurer ouvert pour le placement des travailleurs se proposant de contracter un engagement maritime.*

Est considéré comme tenant un Bureau de placement, au sens du paragraphe 1er du présent article, quiconque s'entremet, moyennant rétribution, entre armateurs et marins en vue du placement, ou fait profession de recru-

TITRE II

Du contrat d'engagement maritime ; de sa forme et de sa constatation.

Art. 4. — Tout contrat d'engagement conclu entre un armateur ou son représentant et un marin, et ayant pour objet un service à accomplir à bord d'un ou plusieurs bâtiments principalement affectés à la navigation maritime, est un contrat d'engagement maritime régi par les dispositions de la présente loi.

Art. 5. — Est considéré comme armateur, pour l'application de la présente loi, tout particulier, toute collectivité, toute administration publique autre que celle de la marine militaire, pour le compte de qui un navire est équipé et effectue une navigation maritime.

Art. 6. — Est considéré comme marin, pour l'application de la présente loi, toute personne de l'un ou l'autre sexe s'engageant envers l'armateur ou son représentant pour servir à bord d'un navire affecté à la navigation maritime (1).

Les marins, placés sous l'autorité du capitaine, se divisent en : personnel du pont, personnel des machines, personnel du service général.

Chacun de ces personnels comprend plusieurs spécialités.

Les dispositions de la présente loi sont à l'exception de celles qui visent expressément et exclusivement l'un de ces personnels, applicables à tous.

Art. 7. — La capacité de contracter est, en matière d'engagement maritime, soumise aux règles du droit commun, sous réserve de l'application des dispositions des articles 8 et 9 ci-après.

Art. 8. — Nul ne peut contracter valablement un engagement maritime s'il n'est libre de tout autre engagement maritime (2), et s'il ne remplit pas les conditions de capacité requises par les lois et règlements pour la nature du service qu'il doit accomplir ou la fonction hiérarchique qu'il doit occuper à bord.

Art. 9. — L'exécution du contrat d'engagement maritime est subordonnée à la production, avant tout embarquement, d'un

---

ter pour le compte de plus d'un armateur tout ou partie de l'équipage d'un navire.

Peuvent seuls avoir droit à une indemnité réglée conformément à l'article 97 du Livre I du Code du Travail les tenanciers de Bureaux de placement qui justifieraient d'une autorisation délivrée à titre non précaire par l'autorité municipale antérieurement au 1er août 1907.

Art. 3. — *Toute infraction aux dispositions des paragraphes 1 et 2 de l'article précédent est punie des peines portées à l'article 102 du Livre I du Code du Travail. La fermeture du bureau fonctionnant illégalement est prononcée par la juridiction répressive.*

(1) Cf. Pr. disc. 1913, art. 2.

(2) Cf. ordonnance du 31 octobre 1784, titre XIV, art. 6.

certificat établi après visite médicale, à l'effet d'attester que le marin est physiquement apte au genre de navigation et au service en vue desquels il s'engage, et est exempt de toute maladie contagieuse de nature à nuire aux autres personnes embarquées (1).

Il est procédé à la visite médicale par un médecin désigné ou agréé par l'administration de la marine marchande. Le médecin autorisé à embarquer sur un navire comme médecin du bord a qualité pour procéder à la visite médicale de tout marin s'engageant pour faire partie de l'équipage.

Dans les cas où la visite médicale n'est pas gratuite, l'armateur qui engage un marin est tenu de lui rembourser le coût de la visite et du certificat médical.

Un règlement d'administration publique déterminera la durée de validité des certificats médicaux.

Art. 10. — Toutes les clauses et stipulations du contrat d'engagement maritime doivent, à peine de nullité, être constatées par écrit devant l'autorité maritime (2).

Elles sont libellées sur des formules délivrées par l'administration de la marine marchande et en tête desquelles doivent figurer les énonciations prévues aux articles 11 et 12 ci-après.

Elles sont inscrites ou annexées au rôle d'équipage.

Toutefois, si le contrat est conclu avant que les opérations d'ouverture du rôle d'équipage aient pu commencer ou en vue de services à accomplir sur plus d'un bâtiment, il est déposé en original entre les mains de l'autorité maritime, et copie en est annexée au rôle d'équipage de tout bâtiment sur lequel le contrat reçoit exécution.

Art. 11. — Le contrat d'engagement doit être rédigé en termes clairs et de nature à ne laisser aucun doute aux parties sur leurs droits et leurs obligations respectives.

Il doit contenir des dispositions indiquant s'il est conclu pour une durée déterminée, pour une durée indéterminée ou pour un voyage.

Si le contrat est conclu pour une durée déterminée, il doit contenir l'indication de cette durée.

Si le contrat est conclu pour une durée indéterminée, il doit mentionner le délai de préavis qui sera observé entre la dénonciation du contrat par l'une des parties et sa résiliation.

Ce délai doit être identique pour l'armateur ou son représentant et pour le marin (3).

Il ne peut être inférieur à vingt-quatre heures.

Si le contrat est conclu pour la durée d'un voyage, il doit contenir la désignation nominative ou autre du ou des ports dans lesquels il s'achèvera ; et, si cette désignation ne permet pas d'ap-

(1) Cf. loi du 26 février 1911, art. 7.

(2) Cf. édit de juillet 1720, titre VI, art. 7 et 18; ordonnance du 31 octobre 1784, titre XIV, art. 9, 10 et 12; Cod. co., art. 250.

(3) Cf. Pr. disc. 1913, art. 35.

préciser la durée approximative du voyage, il doit prévoir une durée maxima, après l'expiration de laquelle le marin pourra, au premier port touché, demander son débarquement, même si le voyage n'est pas achevé. Il doit spécifier à quel moment des opérations maritimes ou commerciales effectuées dans le port où le voyage s'achève, celui-ci est réputé accompli.

Art. 12. — Le contrat d'engagement maritime doit en outre, mentionner expressément :

1° Le personnel et la spécialité pour lesquels le marin s'engage et la fonction hiérarchique qu'il doit exercer ;

2° La date à laquelle les services doivent commencer ;

3° Le mode de rémunération convenu entre les parties ;

4° Le montant des salaires fixes ou la base de détermination des profits ;

5° Le lieu et la date de la signature du contrat.

Art. 13. — A défaut de l'une des énonciations qui doivent figurer dans le contrat en vertu des articles 11 et 12, l'autorité maritime refuse de recevoir le contrat et dresse procès-verbal motivé de ce refus.

Art. 14. — L'autorité maritime doit s'assurer par l'interpellation des parties et, s'il y a lieu, par la lecture à haute voix et le commentaire des clauses et conditions du contrat, que celles-ci sont connues et comprises des parties (1).

Art. 15. — Le contrat d'engagement est signé par l'armateur ou son représentant et par le marin. Si l'une des parties ne sait signer, mention en est faite au contrat par l'autorité maritime.

L'autorité maritime doit refuser de recevoir la signature de toute partie en état d'ivresse manifeste.

Art. 16. — L'autorité maritime vise le contrat et y appose son cachet. Elle ne peut régler les conditions des engagements ; toutefois, si une ou plusieurs clauses lui paraissent entachées de nullité, comme contraires à celles des dispositions de la présente loi qui sont déclarées d'ordre public par l'article 192 ci-après, elle s'oppose à la signature du contrat et refuse son visa, sauf à la partie la plus diligente à se pourvoir devant le président du tribunal civil, conformément à l'article 182 de la présente loi, à l'effet de faire lever cette opposition (2).

Art. 17. — Tout engagement maritime est mentionné sur un livret qui est délivré gratuitement au marin par l'administration de la marine marchande et qui reste en sa possession ; les dates du début et de la fin de l'engagement celles des embarquements et débarquements, sont également mentionnées au livret. Un règlement d'administration publique déterminera les autres

(1) Cf. ordonnance du 31 octobre 1784, titre XIV, art. 10.
(2) Cf. ordonnance du 31 octobre 1784, titre XIV, art. 11.

mentions qui doivent figurer au livret, ainsi que les conditions et le coût du remplacement de ce document en cas de perte.

Le livret ne doit contenir aucune appréciation des services rendus.

ART. 18. — Le texte des dispositions légales et réglementaires qui régissent le contrat d'engagement maritime doit, comme celui des conditions de ce contrat, se trouver à bord, pour être communiqué par le capitaine à tout marin embarqué, sur sa demande (1).

ART. 19. — Le contrat d'engagement maritime est exempt de timbre et d'enregistrement (2).

TITRE III

Des obligations du marin envers l'armateur et de la réglementation du travail à bord des navires.

CHAPITRE PREMIER

ART. 20. — Le marin doit accomplir son service dans les conditions déterminées par le contrat et par les lois, règlements et usages en vigueur.

ART. 21. — Le marin est tenu, tant au port qu'en mer, à bord comme à terre, d'obéir scrupuleusement aux ordres de ses supérieurs concernant le service du navire, d'avoir soin du navire et des marchandises et, d'une manière générale, de remplir son service avec zèle et attention, la nuit comme le jour.

Il doit être sobre et paisible, être respectueux envers ses supérieurs et s'abstenir de toutes paroles grossières à l'égard de toute personne à bord.

Il ne peut s'absenter du bord sans autorisation (3).

ART. 22. — Le marin est tenu d'accomplir, en dehors des heures de service, le travail de mise en état de propreté de son poste d'équipage, des annexes de ce poste, et de ses objets de couchage, sans que ce travail puisse donner lieu à des allocations supplémentaires.

ART. 23. — Le marin est tenu de se présenter, sur la première réquisition de l'armateur ou de son représentant, pour embarquer sur tout bâtiment à bord duquel il doit exécuter son service.

ART. 24. — Sauf dans les cas de force majeure et ceux où la sécurité du navire, des personnes embarquées et de la cargaison est en jeu, le marin n'est pas tenu de travailler dans une spécialité dépendant d'un personnel autre que celui dont il fait partie, à moins de convention contraire.

---

(1) Cf. décret du 21 septembre 1908, art. 129.

(2) Cf. loi du 13 brumaire, an VII, art. 16; loi du 22 frimaire an VII, art. 70, paragraphe 3, n° 13; cod. trav., art. 19.

(3) Cf. Pr. disc. 1913, art. 7 et 11.

Art. 25. — Le marin est tenu de travailler au sauvetage du navire, de ses débris, des effets naufragés et de la cargaison (1).

Art. 26. — En l'absence d'une clause du contrat l'y autorisant, le marin ne peut, sous aucun prétexte, charger dans le navire aucune marchandise pour son propre compte, sans la permission de l'armateur ou de son représentant (2).

En cas d'infraction aux dispositions du paragraphe précédent, le marin contrevenant est tenu de payer le fret au plus haut prix stipulé au lieu et à l'époque du chargement pour le même voyage et la marchandise de même espèce que celle qui a été indûment chargée sur le navire, sans préjudice de dommages-intérêts plus élevés pouvant être dus à l'armateur ou à son représentant. En outre, le capitaine a le droit de jeter à la mer les marchandises indûment chargées, si elles sont de nature à mettre en péril le navire ou la cargaison, ou à faire encourir des amendes ou confiscations pour infractions, soit aux lois douanières, soit aux lois ou aux règlements sanitaires.

Chapitre II

Art. 27. — A la mer et sur les rades foraines l'équipage du pont et celui des machines marchent par quarts. Le personnel du pont comprend deux quarts au moins. L'effectif de cette catégorie de personnel doit être calculé de manière à n'exiger de chaque homme en faisant partie que douze heures de travail par jour au plus (3).

Art. 28. — Hors les circonstances de force majeure et celles où le salut du navire, des personnes embarquées et de la cargaison est en jeu, circonstances dont le capitaine est seul juge, les agents du service général doivent être assurés d'un repos minimum et ininterrompu de six heures sur vingt-quatre (4).

Art. 29. — Le personnel des machines comprend trois quarts dans la navigation au long cours, ainsi que dans la navigation au cabotage international ou au grand cabotage national, lorsque le navire accomplit des voyages l'éloignant de quatre cents milles de tout port français de la métropole et si sa jauge brute est supérieure à 1.000 tonneaux.

Sur les navires de commerce autres que ceux visés au paragraphe précédent et dont la jauge brute est égale ou supérieure à 200 tonneaux, le service des machines doit être organisé en trois quarts, quand l'organisation à deux quarts aurait pour effet d'imposer au personnel de la machine plus de dix heures de travail par jour pendant plus de deux jours consécutifs (5).

(1) Cf. Cod. co., art. 261.
(2) Cf. Cod. co., art. 251.
(3) Cf. L. 1907, art. 24.
(4) Cf. projet de loi tendant à modifier la loi du 17 avril 1907 (rapport Le Bail du 12 juillet 1913), art. 24.
(5) Cf. décret du 20 septembre 1908, art. 2.

Chaque quart du personnel des machines doit comprendre au moins un chauffeur par trois fourneaux, sauf les exceptions à cette règle qui seront déterminées par un règlement d'administration publique.

Le chauffeur, pendant son quart, ne doit pas être distrait du service de la chauffe, si ce n'est pour les besoins urgents de la machine.

L'armateur ou le capitaine est tenu de faire connaître aux hommes qui vont s'engager et de déclarer, lors de la confection du rôle d'équipage, à la suite des conditions d'engagement, la composition de l'équipage et le nombre des fourneaux devant être mis en service dans la chaufferie, de même que tous autres éléments prévus au règlement d'administration publique ci-dessus mentionné comme servant de base au calcul de l'effectif.

A bord des navires à vapeur où le service de la machine comprend trois quarts, la tenue en état des machines est assurée par le personnel des machines, en dehors des heures de quart, et sans qu'il puisse réclamer d'allocation supplémentaire, pourvu qu'aucun homme n'y soit employé plus d'une heure sur vingt-quatre.

A bord des navires où le personnel de la machine ne comprend que deux quarts, le travail de tenue en état des machines effectué en dehors des heures de quart donne lieu à l'allocation supplémentaire prévue ci-après.

Dans tous les cas, à chaque quart, le personnel des machines, de concert avec celui du pont, assure l'enlèvement des escarbilles (1).

Art. 30. — Aucun homme de l'équipage, du pont ou des machines, ne peut refuser ses services quelle que soit la durée des heures de travail qui lui sont commandées.

Mais, hors les cas de force majeure et ceux où le salut du navire, des personnes embarquées ou de la cargaison est en jeu, cas dont le capitaine est seul juge, toute heure de travail commandée au delà des limites fixées par les articles 27 et 29, donne lieu à une allocation supplémentaire dont le montant est réglé par les contrats et usages.

Le capitaine du navire doit faire mention sur un registre coté et parafé par l'administrateur de l'inscription maritime, des circonstances exceptionnelles visées au paragraphe précédent. Cette mention est visée par un représentant, soit du personnel du pont, soit du personnel des machines, suivant les cas. Le registre est mis à la disposition des intéressés qui peuvent y consigner leurs observations (2).

Art. 31. — Si le navire est dans le port ou sur une rade abritée, l'homme d'équipage n'est tenu que dans les circonstances de force majeure de travailler plus de dix heures par jour, service de

(1) Cf. L. 1907, art. 25.
(2) Cf. L. 1907, art. 26.

veille compris, pour le personnel du pont, et plus de huit heures pour le personnel des machines. Cependant, le jour de l'arrivée, ainsi que le jour du départ, les périodes cumulées de service en rade ou dans le port et de service à la mer pourront atteindre douze heures pour le personnel du pont, sans donner lieu obligatoirement à aucune rémunération supplémentaire, à la condition que ces périodes cumulées ne se reproduisent pas plus de deux fois en sept jours ; dans le cas contraire, les dispositions du paragraphe 2 de l'article précédent sont applicables.

Art. 32. — Sauf les exceptions et dérogations prévues aux articles ci-après, un repos complet d'une journée par semaine doit être accordé aux marins et observé par eux, lorsque l'engagement maritime est d'une validité supérieure à six jours.

Sauf décision contraire du capitaine, le dimanche est le jour consacré au repos hebdomadaire (1).

Art. 33. — Ne sont pas considérés comme portant atteinte à la règle du repos hebdomadaire et sont obligatoires, sans aucune compensation de la part de l'armement les travaux nécessités par le salut du navire, de la cargaison et des personnes embarquées, ou par une circonstance de force majeure,les opérations d'assistance, ainsi que les manœuvres de courte durée effectuées, sur les voiliers, par les hommes de quart non affectés à la barre ou au bossoir (2).

Art. 34. — Le jour du repos hebdomadaire, dans les ports et rades abritées, sont obligatoires tous les travaux qui ne peuvent être différés et notamment ceux qui sont indispensables à la propreté du navire, à l'entretien des machines, à l'approvisionnement et au service des personnes embarquées.

En mer, sont obligatoires tous les travaux qui ne peuvent être différés et notamment ceux qui sont indispensables à la sécurité, à la conduite, à la propreté du navire et au service des personnes embarquées.

Les travaux visés aux paragraphes qui précèdent sont, sur la décision du capitaine, exécutés soit par tout, soit par partie de l'équipage.

Ils donnent droit, au profit des marins qui les ont exécutés, à l'allocation d'un repos compensateur avec solde, d'une durée ininterrompue égale à celle du travail accompli. Toutefois ce repos compensateur ne peut être accordé par fractions inférieures à une demi-journée (3).

La solde due pendant le repos compensateur est celle de la période de service pendant laquelle a été acquis le droit à ce repos (4).

---

(1) Cf. L. 1907, art. 28.
(2) Cf. L. 1907, art. 26.
(3) Cf. L. 1907, art. 28 et sentence arbitrale du 3 juillet 1907 (sentence Ditte).
(4) Cf. sentence arbitrale du 25 mars 1914.

Art. 35. — En mer, le personnel des machines est tenu d'exécuter, le jour du repos hebdomadaire, les travaux nécessaires au service des machines. Un repos compensateur avec solde lui est accordé à terre, soit par journées entières, soit dans les conditions prévues au paragraphe 4 de l'article 34 (1).

Art. 36. — Les journées de repos compensateur restant dues au terme du voyage peuvent, pour toutes les catégories de personnel, mais jusqu'à concurrence seulement de la moitié, être, d'un commun accord entre les parties, reportées à une date ultérieure et être comprises, s'il y a lieu, dans une période de congé.

Art. 37. — Un règlement d'administration publique détermine dans quelles conditions les prescriptions des articles 27 à 36 ci-dessus sont applicables sur les navires de commerce de moins de 200 tonneaux de jauge brute et sur les navires de pêche (2).

TITRE IV

Des obligations de l'armateur.

Chapitre premier

Des salaires fixes, profits éventuels et autres rémunérations

Section I. — *Règles générales.*

Art. 38. — Les marins sont rémunérés, soit à salaires fixes, soit à profits éventuels.

Art. 39. — Les parts de profit, de pêche et de fret, les primes et allocations de toute nature promises dans le contrat par l'armateur au marin, sont, pour l'application de la présente loi, considérées comme salaires.

Dans le cas où il est convenu entre les parties qu'une prime ne sera acquise au marin qu'autant qu'il aura continué ses services à l'armateur jusqu'à la fin de la campagne de pêche ou de l'engagement, le montant de l'allocation ainsi réservée ne peut excéder le cinquième des salaires totaux du marin, prime comprise.

Art. 40. — Tout contrat d'engagement aux termes duquel la rémunération du marin consiste, en tout ou en partie, en une part sur le profit ou sur le fret, détermine les dépenses et charges à déduire du produit brut, pour former le produit net.

Lors du règlement, aucune déduction autre que celles qui sont ainsi stipulées n'est admise au détriment du marin.

Les indemnités payées au navire pour rupture, abréviation. retardement ou prolongation du voyage, perte du profit ou du fret, sont considérées comme rentrant dans le produit brut.

Cette disposition ne s'applique aux indemnités d'assurance que

(1) Cf. L. 1909, art. 28 et sentence Ditte.
(2) Cf. L. 1907, art. 4 et projet de loi tendant à modifier cette loi (Rapport Le Bail), art. 1er.

si le marin a contribué au payement des primes depuis le commencement du voyage.

Les primes et compensations d'armement ne rentrent pas dans les produits à partager, à moins de convention contraire.

Art. 41. — Lorsque les marins sont payés au mois, ils sont, en cas de prolongation ou abréviation du voyage, rétribués en proportion de la durée effective de leurs services, quelle que soit la cause de la modification du voyage (1).

Art. 42. — Lorsque les marins sont payés au voyage, si la décharge du navire se fait volontairement dans un lieu plus rapproché que celui qui est désigné par l'affrètement, il ne leur est fait aucune diminution.

Si le voyage est prolongé, pour une cause autre que la force majeure, les salaires sont augmentés en proportion.

Si le voyage est retardé par le fait du capitaine ou de l'armateur, il y a lieu à indemnité au profit des marins (2).

Art. 43. — Lorsque les marins sont rémunérés au profit ou au fret, il ne leur est dû aucun dédommagement pour le retardement, la prolongation ou l'abréviation du voyage occasionnée par force majeure.

Si le retardement, la prolongation ou l'abréviation du voyage est le fait des chargeurs ou d'un tiers, les marins ont part aux indemnités qui sont adjugées au navire.

Si le retardement, la prolongation ou l'abréviation du voyage est le fait de l'armateur ou du capitaine, et si cet événement est dommageable aux marins, ceux-ci ont droit, en outre de leur part sur le profit réalisé, à une indemnité fixée eu égard aux circonstances (3).

Art. 44. — Lorsque les marins sont rétribués en partie par des salaires au mois, en partie par des salaires forfaitaires pour un voyage, et en partie au profit ou au fret, le décompte de chaque espèce de rémunération s'opère en cas de retardement, prolongation ou abréviation du voyage, conformément aux règles qui, en vertu des articles précédents, s'appliquent à cette espèce.

Art. 45. — Dans tous les cas prévus à l'article 24 où un marin accomplit un travail ne rentrant pas dans sa spécialité et comportant un salaire plus élevé que le sien, il a droit à une augmentation au moins égale à la différence entre son salaire et celui de la spécialité dans laquelle il a été temporairement employé.

Art. 46. — La rémunération horaire des marins employés, par application de l'article 25, à sauver les débris et les effets naufragés, ne peut être inférieure au double de celle que comporte leur salaire journalier, s'ils sont payés au mois, ou le salaire journalier normal

(1) Cf. Cod. co., art. 254, 255.
(2) Cf. Cod. co., art. 255, 256, 257.
(3) Cf. Cod. co., art. 257.

du lieu d'engagement, s'ils sont, en tout ou en partie, payés au voyage ou rémunérés au profit ou au fret.

Art. 47. — Les marins ont droit à une part des indemnités de sauvetage ou d'assistance allouées aux navires sauveteurs. La répartition est faite, soit d'accord entre les parties, soit par l'autorité maritime, sauf recours devant les tribunaux (1).

Art. 48. — Lorsque, par suite de débarquement ou de décès, un marin remplace un autre marin dans une fonction hiérarchique supérieure, il a droit au salaire de la fonction qu'il est appelé à remplir.

Section II. — *De la suspension et de la rétention des salaires.*

Art. 49. — Toutes les fois qu'un marin se rend coupable d'absence sans autorisation pendant plus de vingt-quatre heures, ses salaires cessent de lui être dus depuis le moment où il a cessé son service jusqu'au moment où il le reprend, sans préjudice du droit pour l'armateur de réclamer, s'il y a lieu, des dommages-intérêts pour le tort que l'absence sans autorisation lui aurait causé.

Le payement des salaires est également suspendu :

1° Dans le cas où un marin a été privé de sa liberté comme inculpé ou comme condamné en raison d'une infraction à la loi pénale ;

2° Dans le cas où il a été appelé au service militaire pour accomplir une période d'instruction ou d'exercices, à moins de convention contraire.

Si le marin n'est pas payé au mois, le montant de la fraction à déduire par application des paragraphes précédents est provisoirement réglé par l'autorité maritime, sauf recours devant les tribunaux (2).

Art. 50. — Dans le cas où le contrat d'engagement aurait été résilié par suite de congédiement pour absence irrégulière, la moitié des salaires restant dus est retenue pour sûreté des sommes auxquelles le marin pourrait être condamné à titre de dommages-intérêts envers l'armateur. Le surplus est versé d'office aux personnes de sa famille auxquelles il déléguait, et à défaut de délégation, à la caisse des gens de mer, au compte du marin.

La somme retenue pour sûreté est versée à la même caisse. Elle est payée au marin si, dans le délai d'une année à compter de la fin du voyage, aucune action en dommages-intérêts n'a été intentée contre lui par l'armateur (3).

Art. 51. — L'inexécution des obligations incombant au marin, soit en vertu des lois, décrets et usages en vigueur, soit en vertu du contrat et des règlements particuliers auxquels le contrat se réfère,

(1) Cf. décision ministérielle du 27 novembre 1826.
(2) Cf. Pr. disc. 1913, art. 38.
(3) Cf. Pr. disc. 1913, art. 38.

ne peut donner lieu à aucune amende ou suspension partielle de salaire autre que celles qui résultent de l'application de la loi relative au régime disciplinaire et pénal de la marine marchande.

La disposition qui précède ne s'applique ni aux dédits stipulés dans les contrats pour le cas de rupture avant le terme fixé, ni aux amendes prévues en vertu d'usages en vigueur, dans les contrats d'engagement à la part ou au profit pour la pêche.

Section III. — *Du décompte des salaires.*

Art. 52. — Lorsque la rémunération du marin consiste, en tout ou en partie, en une part sur le profit ou sur le fret, le décompte des dépenses et charges communes et celui des produits et bénéfices sont, avec leurs justifications et pièces comptables originales, remis, par l'armateur, et sous sa signature, à l'administrateur de l'inscription maritime chargé de la liquidation des comptes individuels de salaires (1).

Art. 53. — Lorsque tout ou partie de la rémunération du marin dépend du produit de sa pêche personnelle, le capitaine ou patron constate chaque jour ce produit sur un livret conservé par le marin. Ce livret est remis à l'autorité maritime au moment du décompte.

Si tout ou partie de la rémunération du marin est subordonnée à la vérification de la qualité, du nombre ou du poids des produits de la pêche, les intéressés ont toujours la faculté de déléguer l'un d'entre eux, à la majorité des voix, pour assister à cette opération. Le salaire de vérification du délégué est fixé, sauf accord contraire, sur la base du gain normal journalier d'un marin dans le lieu de la vérification ; il est supporté par l'équipage.

Art. 54. — Lorsque le salaire du marin doit être calculé sur le prix moyen de vente du produit, les bases du calcul de ce prix moyen doivent être déterminées à l'avance dans le contrat d'engagement ; le prix résultant de l'application de ces bases est constaté par l'autorité maritime au moment du décompte des salaires.

Art. 55. — Quant un armateur veut s'attribuer tout ou partie de la pêche d'un de ses navires, après l'arrivée au port, il doit le déclarer à l'administration de l'inscription maritime et le prix appliqué est celui du cours au jour de la déclaration.

Tout armateur qui veut, soit vendre à un tiers, soit s'attribuer tout ou partie de la pêche d'un de ses navires, avant l'arrivée au port, doit régler son équipage sur la moyenne des cours appliqués dans ce port, aux pêches des navires de la même catégorie, quinze jours avant et quinze jours après celui de l'arrivée du navire (2).

---

(1) Cf. proposition de loi Guernier, votée par la Chambre des députés, le 18 mars 1913, art. 1er.

(2) Cf. proposition de loi Guernier, art. 2.

Section IV. — *De la consignation des salaires.*

Art. 56. — Dans les engagements comportant une absence à la mer de plus de quatre mois, les deux tiers au moins des salaires stipulés pour les mois échus, déduction faite des délégations, avances et acomptes payés, sont, à titre de provision, versés tous les quatre mois à la caisse des gens de mer.

La présente disposition ne concerne pas les rémunérations au profit ou au fret.

Section V. — *Des lieux et époques du paiement des salaires*

Art. 57. — Les salaires fixes restant dus en totalité ou le solde de ces salaires sont payés, si le navire est armé au long cours, lorsqu'il arrive au port de France où se termine le voyage au long cours, même si ce port n'est pas son port d'armement (1).

Il en est de même lorsque le navire est armé au cabotage international, sauf convention contraire, mais sans que cette convention puisse avoir pour effet, ni d'autoriser un payement hors de France, ni de porter à plus de trois mois la période comprise entre deux payements faits en France.

Si le navire est armé au cabotage national, les salaires sont payés mensuellement, au premier port touché, sauf convention contraire, sans que cette convention puisse avoir pour effet de porter à plus de trois mois la période écoulée depuis le dernier payement.

Pour tout marin débarqué isolément en France avant l'expiration du voyage, le payement a lieu au moment du débarquement.

Art. 58. — Si le navire armé au long cours termine son voyage au long cours dans un port étranger d'Europe, l'autorité maritime française de ce port procède au décompte provisoire des salaires ; ce décompte est visé et envoyé par elle à l'autorité maritime du port d'armement ; le solde des salaires individuels, déduction faite des sommes consignées en vertu de l'article 56 et de tous avances ou acomptes versés, est remis à l'autorité française du port étranger, sous forme de valeurs ou d'espèces, en vue du payement à effectuer par la caisse des gens de mer au marin, lors de son retour en France, ou à la personne désignée par lui pour toucher les sommes qui lui sont dues.

Il en est de même quand l'armement au cabotage international prend fin dans un port étranger.

Pour le marin débarqué isolément à l'étranger avant l'expiration du voyage, les salaires sont versés à la caisse des gens de mer à l'effet d'être payés au marin, lors de son retour en France, ou à toute personne désignée par lui.

Art. 59. — Les salaires dus par l'armateur pour les périodes de séjour à terre, au marin qui reste lié à son service par le contrat

(1) Cf. déclaration du roi du 18 décembre 1728, article 5; arrêt du conseil du 19 janvier 1734.

d'engagement, mais n'est au service d'aucun navire et ne figure sur aucun rôle d'équipage, sont payés aux lieux et époques fixés par les conventions et usages.

Art. 60. — Les parts de profit autres que celles de grande pêche sont payées conformément aux conventions et usages.

Art. 61. — Les parts de grande pêche sont payées aux époques fixées par la convention.

Le solde de ces parts est payé au plus tard dans les quinze jours de la livraison en cas de vente au comptant, et dans le mois de la livraison en cas de vente à terme.

Toutefois, si la totalité de la pêche n'a pas été vendue et livrée au 1er février suivant la campagne de pêche, l'armateur est tenu de régler à cette date l'équipage sur la moyenne des cours pratiqués sur la place en janvier.

Art. 62. — Le payement des salaires et parts a lieu, soit en présence de l'administrateur de l'inscription maritime chargé de liquider le compte des intéressés, ou de l'agent désigné pour le représenter, soit cet administrateur dûment averti, l'armateur ayant toujours à fournir la justification de cet avertissement. Mention des payements effectués est inscrite sur le livret du marin par l'autorité maritime (1).

Art. 63. — Lorsque le payement n'a pas eu lieu en présence de l'administrateur de l'inscription maritime ou de l'agent chargé de le représenter, un procès-verbal relatant le payement et, le cas échéant, les réclamations auxquelles il a donné lieu, doit être transmis dans les quarante-huit heures à l'administrateur de l'inscription maritime.

Art. 64. — Les dispositions des deux articles précédents ne s'appliquent pas au payement des salaires mentionnés à l'article 59.

Art. 65. — En cas de perte du navire, établie ou présumée conformément à l'article 88 du Code civil, et en cas de prise ou d'innavigabilité, le payement des salaires s'opère au bureau de l'inscription maritime dans la circonscription duquel l'événement s'est produit, s'il a eu lieu en vue des côtes de France, et si l'intéressé le réclame. Dans tous les autres cas, il a lieu au bureau du port d'armement.

Art. 66. — Les salaires des marins absents ou disparus sont versés à la caisse des gens de mer pour le compte des ayants droit.

Art. 67. — Si le décompte des salaires n'est pas accepté, soit par l'armateur ou son représentant, soit par le marin, la partie non contestée des salaires est versée immédiatement au marin ; la partie contestée est versée à la caisse des gens de mer, où elle reste en dépôt jusqu'à ce qu'il ait été statué par le juge compétent, à la requête de la partie la plus diligente.

---

(1) Cf. arrêt du Conseil du 19 janvier 1734.

Toute transaction sur le montant du litige est nulle, si elle n'est pas approuvée par l'autorité maritime.

Art. 68. — Le compte des salaires établi par l'autorité maritime peut être redressé, à la requête de la partie intéressée, dans les cinq ans de l'arrêté de ce compte, en cas d'erreur, omission, faux ou double emploi.

Art. 69. — Tous payements de salaires et parts effectués contrairement aux dispositions des articles 52, 55 et 62 sont nuls.

Section VI. — *Des payements d'avances et d'acomptes.*

Art. 70. — Aucune avance de salaires ne peut être faite au marin qu'en la présence et sous le contrôle de l'autorité maritime (1).

Toute avance est mentionnée sur le livret du marin. Les avances, quel qu'en soit le montant, ne sont imputables sur les salaires et parts à échoir au marin que jusqu'à concurrence de : trois mois de salaires pour les navigations au long cours, s'il s'agit de voiliers dépassant le cap Horn ou le cap de Bonne-Espérance ; deux mois, s'il s'agit de voiliers ne dépassant pas les caps ; un mois pour toutes les autres navigations ; 50 francs lorsqu'il s'agit de pêche autre que la grande pêche ; 250 francs pour la grande pêche. La partie de l'avance dépassant la somme ainsi fixée reste acquise au marin à titre de prime d'engagement, ou avance perdue.

Toutefois, au delà de ces maxima, des avances peuvent être consenties sous forme de délégations (1).

Art. 71. — Aucun acompte en cours de route ne peut être versé au marin que s'il est préalablement mentionné sur le livre du bord avec la signature du marin ou, à défaut, avec celle de deux des principaux de l'équipage.

Il ne doit pas dépasser le tiers de la somme gagnée par l'intéressé au moment où il est demandé, après déduction de toutes avances et délégations.

Le capitaine est juge de l'utilité de l'acompte demandé (2).

Art. 72. — Tous payements d'avances faits contrairement aux dispositions de l'article 70 et tous payements d'acomptes faits contrairement aux dispositions de l'article 71 de la présente loi sont nuls.

Section VII. — *De la restitution des avances.*

Art. 73. — L'armateur a droit à la restitution des avances et acomptes par lui versés, déduction faite des salaires échus :

1° En cas de rupture de l'engagement par le fait du marin, sans préjudice des sanctions disciplinaires et de tous dommages-intérêts. Cette disposition s'applique également aux primes d'engagement ou avances perdues ;

(1) Cf. déclaration du Roi du 18 décembre 1728, art. 6; arrêt du Conseil du 19 janvier 1734.

(2) Cf. mêmes déclaration et arrêt.

2° Lorsque, au moment du décompte des salaires, le montant des avances ou acomptes perçus excède le montant des salaires ou parts effectivement dus au marin.

Toutefois, cette dernière disposition ne s'applique pas aux avances ayant fait l'objet de délégations.

Art. 74. — Les avances reçues par le marin lui-même ne sont pas sujettes à restitution, en cas de rupture de l'engagement par le fait de l'armateur, du capitaine ou des affréteurs.

Elles ne sont pas davantage sujettes à restitution en cas de rupture de l'engagement par force majeure, à moins de convention contraire.

Art. 75. — En aucun lieu, le marin ne peut recevoir payement de ce qui lui est dû autrement qu'en monnaie métallique ou fiduciaire ayant cours légal.

Les conventions peuvent prévoir le payement en monnaie étrangère à l'étranger, à un taux de change déterminé.

En l'absence de toute convention, le payement fait à l'étranger en monnaie étrangère a lieu après constatation du cours du change par l'autorité française (1).

Section VIII. — *Des délégations sur salaires.*

Art. 76. — En vue de l'application des dispositions des articles ci-après, relatifs aux délégations, le marin est tenu, lors de la signature du contrat d'engagement, et, s'il y a lieu, lors de chaque embarquement, de faire connaître à l'autorité maritime, tant par sa déclaration que par la production de son livret et, au besoin, par celle de toutes autres pièces, sa situation de famille et le domicile des personnes légalement à sa charge.

Art. 77. — Le marin peut, à chaque embarquement, déléguer ses salaires et profits, mais seulement en faveur d'une personne légalement à sa charge, sans toutefois que le montant total des délégations puisse, en aucun cas, excéder les deux tiers desdits salaires ou profits. Le montant des délégations, le nom des bénéficiaires et les époques de payement sont mentionnés au rôle d'équipage (2).

Art. 78. — Des délégations peuvent être consenties au cours du voyage, dans les mêmes conditions et limites, par les marins qui n'auraient pas usé, lors de l'embarquement, de la faculté de délégation. Leur demande, remise au capitaine, est transmise sans délai par celui-ci à l'armateur, et mention en est faite au rôle d'équipage par l'autorité maritime.

Art. 79. — L'administrateur de l'inscription maritime, s'il est saisi de la réclamation de la femme d'un marin, tendant à bénéficier d'une délégation, invite le marin à consentir cette délégation ; si celui-ci refuse, l'administrateur avise la femme de ce refus et lui

(1) Cf. circulaire du 19 novembre 1885.
(2) Cf. arrêté ministériel du 22 mars 1862.

indique qu'il lui appartient de se pourvoir devant le juge de paix par application de l'article 7 de la loi du 13 juillet 1907, relatif à la contribution des époux aux charges du ménage, à l'effet de saisir-arrêter ou toucher les salaires de son mari dans les limites fixées à l'article 83 ci-après (1).

Art. 80. — La personne exerçant en fait la garde des enfants mineurs d'un marin peut obtenir du juge de paix du domicile de celui-ci l'autorisation de saisir-arrêter ou toucher ses salaires pour les besoins desdits enfants, dans les limites fixées à l'article 83 ci-après.

En cas de réclamation adressée par cette personne à l'administrateur de l'inscription maritime à l'effet d'obtenir une délégation en faveur des enfants mineurs du marin, la procédure prévue à l'article 79 est applicable.

Art. 81. — L'armateur est tenu de verser, en temps utile, le montant des délégations, soit au bénéficiaire de la délégation, soit à la caisse des gens de mer.

Section IX. — *Des dettes des marins, des saisies et cessions des salaires.*

Art. 82. — Les salaires et profits des marins sont insaisissables et incessibles, si ce n'est pour les causes et dans les limites déterminées par l'article suivant (2).

Art. 83. — Les salaires et profits des marins peuvent être saisis et cédés, mais seulement jusqu'à concurrence du quart :

1° En cas de dette envers l'Etat ou envers les caisses des invalides et de prévoyance ;

2° En cas de dette admise par l'autorité maritime pour fourniture de vivres, hardes ou logement ;

3° En cas de dette envers l'armement pour payement indû sur un décompte de salaires antérieur, avance ou acompte indû, dommages-intérêts (3).

Art. 84. — Les mêmes salaires et profits peuvent être saisis jusqu'à concurrence d'un second quart, pour pension alimentaire due en vertu des articles 203, 205 et 214 du Code civil, en exécution d'un jugement définitif (4).

Les dispositions du présent article et de l'article précédent s'appliquent aux allocations représentatives de salaire, qui sont accordées, en cas de maladie ou de blessure, par application de l'article 99 de la présente loi.

Art. 85. — En dehors des biens, sommes et valeurs déclarés

---

(1) Cf. loi du 13 juillet 1907, art. 7.
(2) Cf. ordonnance du 1er novembre 1745; Cod. trav. art. 74.
(3) Cf. ordonnance du 1er novembre 1745.
(4) Cf. décret du 11 août 1856.

insaisissables, soit par l'article 592 du Code de procédure civile, soit par les lois qui régissent les pensions, arrérages et allocations des caisses des invalides et de prévoyance, soit par toutes autres lois, sont insaisissables pour quelque cause que ce soit :

1° Les vêtements, sans exception, des marins (1) ;

2° Les instruments et autres objets servant à l'exercice de leur profession maritime ;

3° Les sommes dues pour frais médicaux et pharmaceutiques ;

4° Les sommes dues pour rapatriement ou conduite.

Art. 86. — Les dettes spécifiées à l'article 83 sont signalées à l'autorité maritime ou à l'armateur et peuvent faire l'objet de retenues au moment du décompte.

La procédure prévue par la loi du 12 janvier 1895 est applicable, pour le surplus, à la saisie-arrêt des salaires des marins.

Chapitre II

De la nourriture et du couchage

Section I.

Art. 87. — Les marins ont droit à la nourriture ou à une allocation équivalente, pendant toute la durée de leur inscription au rôle d'équipage.

Art. 88. — Sur tout bâtiment où les marins sont nourris par l'armateur, il doit y avoir un cuisinier apte à cet emploi, âgé de plus de dix-huit ans. Si l'équipage comprend plus de vingt hommes, le cuisinier ne peut être distrait de son emploi pour être affecté à un autre service (2).

Art. 89. — Les aliments fournis aux marins doivent être sains, de bonne qualité, en quantité suffisante et d'une nature appropriée au voyage entrepris.

La composition de la ration distribuée doit être au moins équivalente à celle prévue pour les marins de la flotte. Un tableau d'équivalence est établi par arrêté ministériel ; il est, de même que la composition des rations distribuées, affiché d'une manière permanente dans les postes d'équipage. Le personnel du pont, celui des machines et celui du service général, désignent, chacun à tour de rôle, un de leurs membres pour vérifier, à chaque distribution, les quantités distribuées et, s'il y a lieu, la qualité.

Tout retranchement opéré sur les distributions donne lieu, sauf le cas de force majeure, à une indemnité représentative du retranchement opéré.

Les circonstances de force majeure sont constatées par procès-verbaux inscrits au livre de bord et signés du capitaine et du méde-

(1) Cf. édit de mars 1584, art. 63.
(2) Cf. décret du 3 septembre 1913, art. 13.

cin du bord, s'il y en a un. En outre, chaque personnel désigne des délégués, dont le nombre n'est pas supérieur à trois, et qui signent également lesdits procès-verbaux. Aucune réclamation ne peut ultérieurement être admise au sujet des circonstances ainsi constatées (1).

Art. 90. — Il est interdit à tout armateur de charger à forfait le capitaine ou un membre quelconque de l'état-major de la nourriture de l'équipage (2).

Art. 91. — Nul ne peut introduire de boissons alcooliques à bord sans l'autorisation du capitaine.

Toute boisson introduite contrairement à la disposition qui précède est confisquée par le capitaine et vendue par l'administration de la marine marchande au profit de la caisse des invalides, sans préjudice des sanctions disciplinaires.

Il est interdit au capitaine d'embarquer, de laisser embarquer, ou de conserver à bord, pour la consommation de l'équipage, officiers compris, une quantité de boissons alcooliques supérieure à celle fixée par un arrêté du sous-secrétaire d'Etat de la marine marchande pour chaque genre de navigation.

La boisson conservée à bord contrairement à la disposition qui précède doit être saisie par toute autorité ayant qualité pour constater les infractions à la police ou à la sécurité de la navigation, ou par les agents de l'administration des douanes ; elle est vendue au profit de la caisse des invalides, sans préjudice des sanctions disciplinaires ou pénales (3).

Art. 92. — Il est interdit à tout armateur :

1° D'exploiter à terre un économat où il vend directement ou indirectement, aux marins par lui employés, ou à leurs familles, des denrées et marchandises de quelque nature que ce soit ;

2° D'imposer auxdits marins l'obligation de dépenser leur salaire en totalité ou en partie dans les magasins indiqués par lui (4).

Section II.

Art. 93. — Sur les navires armés au long cours, les objets de couchage sont fournis par l'armateur, dans les conditions déterminées par les dispositions des règlements d'administration publique relatifs à l'hygiène à bord des navires.

Il en est de même sur les autres navires, à moins de convention contraire (5).

---

(1) Cf. décret du 11 août 1856.
(2) Cf. L. 1907, art. 31.
(3) Cf. L. 1907, art. 31.
(4) Cf. Cod. trav., art. 75.
(5) Cf. décret du 21 septembre 1908, art. 18.

Chapitre III

Des maladies et blessures des marins

Art. 94. — Les marins qui sont blessés au service du navire ou à l'occasion de ce service sont soignés aux frais de l'armateur

Il en est de même de ceux qui tombent malades après que le navire a quitté le port d'embarquement, à moins que l'armateur n'établisse que la maladie n'a pas été contractée à son service.

Les dispositions du paragraphe précédent ne sont pas applicables au marin atteint de folie, d'épilepsie ou d'une maladie vénérienne, à moins qu'il n'établisse que l'affection a été contractée en service

En dehors des cas prévus au paragraphe 2 du présent article, le traitement des marins malades n'est à la charge de l'armateur que s'il est établi que la maladie a été contractée à son service.

Le blessé ou malade perd tout droit au bénéfice des dispositions du présent article, de même qu'à celui des autres dispositions du présent chapitre, si la maladie ou blessure a été contractée par lui sous l'influence de l'ivresse ou par suite de sa faute lourde ou d'un acte d'indiscipline (1).

Art. 95. — Les frais de traitement cessent d'être dus lorsque l'intéressé est guéri de la blessure ou de l'affection contractée au service de l'armateur, ou lorsque la blessure ou l'affection a revêtu un caractère d'incurabilité (2).

Art. 96. — Quand le médecin du bord, s'il y en a un, ou tout autre médecin désigné par l'autorité maritime, déclare que l'état du malade ou blessé exige son débarquement, le malade ou blessé est placé dans un hôpital à terre ou dans un hôpital flottant. Avis du placement du marin dans cet hôpital est immédiatement donné à l'armateur ou au capitaine.

En cas de débarquement en France, l'intéressé peut exiger d'être conduit à ses frais, et sous réserve de l'autorisation du médecin traitant, à son domicile pour y être soigné : l'armateur a le droit de l'y faire visiter par un médecin de son choix.

Art. 97. — Lorsque le marin est soigné à son domicile, il reçoit une allocation journalière pour frais médicaux et pharmaceutiques, laquelle ne peut dépasser le montant de la journée d'hôpital du port de débarquement.

Art. 98. — Indépendamment des frais médicaux et pharmaceutiques, le blessé ou malade a droit à la nourriture du bord en nature, tant qu'il est à bord.

Art. 99. — Le salaire du marin malade ou blessé, et, après la mise à terre ou l'entrée dans un hôpital flottant, une allocation égale au salaire, lui est payée dans les cas visés aux paragraphes 1 et 2 de l'article 94, jusqu'au jour soit du décès, soit de la guérison,

(1) Cf. Cod. co., art. 262.
(2) Cf. arrêt de la cour de cassation du 24 juillet 1894.

soit de l'incurabilité constatée, soit, si l'intéressé a été laissé hors de France, jusqu'au jour de son retour en France, sans que, dans aucun cas, cette allocation soit due pendant plus de quatre mois à dater de la mise à terre ou de l'entrée dans un hôpital flottant (1).

Art. 100. — Lorsque la rémunération du marin ne consiste pas en un salaire fixe, le salaire ou l'allocation représentative du salaire dû en vertu de l'article 99 est calculé d'après le salaire journalier moyen, attribué dans le port d'embarquement, aux hommes des mêmes spécialité et grade que l'intéressé. Il est déterminé par l'administrateur de l'inscription maritime dudit port, sauf recours devant les tribunaux.

Art. 101. — Si un marin meurt d'une maladie ou d'une blessure dont les frais de traitement sont à la charge de l'armateur, celui-ci doit supporter les frais de sépulture (2).

Art. 102. — Hors des ports métropolitains, et s'il y a sur les lieux une autorité française, l'armateur est admis, sur la demande écrite du capitaine, à s'exonérer de tous frais médicaux et pharmaceutiques en versant entre les mains de ladite autorité, au moment de la mise à terre, une somme forfaitaire déterminée d'après un tarif qui est arrêté par un règlement d'administration publique.

Ce tarif doit être revisé tous les cinq ans.

Le forfait comprend, outre les frais de traitement, ceux du rapatriement et de la conduite dans les conditions déterminées par les articles 107, 108 et 111. L'armateur est admis à verser la totalité de ce forfait, même si la mise à terre du marin survient au cours d'un contrat de durée déterminée.

Après le versement du forfait, le payement du salaire et, s'il y a lieu, de l'allocation équivalente prévue à l'article 99, reste seul à la charge de l'armateur (3).

Art. 103. — Les dispositions de l'article précédent ne sont pas applicables dans le cas où le marin, embarqué sur un navire qui a été armé dans une colonie sous le régime de la loi métropolitaine, est débarqué, par suite de maladie ou de blessure, dans un port de cette colonie.

Art. 104. — Lorsque le traitement de la maladie ou de la blessure du marin n'est pas à la charge de l'armateur, par application des articles précédents, le capitaine n'en est pas moins tenu de faire donner aux marins malades ou blessés à son bord tous les soins nécessaires jusqu'à leur mise à terre et leur remise aux mains d'une autorité française. S'il n'en existe pas dans le port où le malade ou blessé est débarqué, le capitaine doit, au compte de l'armateur, prendre toutes les mesures utiles pour assurer le traitement et le rapatriement de l'intéressé, sauf recours ultérieur contre qui de droit.

(1) Cf. Cod. co., art. 262.
(2) Cf. décret du 22 septembre 1891, art. 4.
(3) Cf. Cod. co., art. 262.

Depuis le jour où il a dû cesser son travail, le malade ou blessé qui se trouve dans le cas du présent article cesse d'avoir droit à son salaire, mais il a droit à la nourriture du bord, en nature, jusqu'à son débarquement.

Art. 105. — Les accidents survenus, au cours du contrat d'engagement maritime, par le fait du travail ou à l'occasion du travail effectué par un marin pour le compte de l'armateur, à terre, et alors que le marin n'est au service d'aucun navire, donnent lieu à l'application de la législation sur les accidents du travail à terre.

Art. 106. — Une loi ultérieure déterminera à partir de quelle date les obligations résultant pour les armateurs des dispositions du présent chapitre seront mises à la charge de la caisse de prévoyance, et fixera, le cas échéant, le taux de l'augmentation des prestations dues à cette caisse par les armateurs.

Chapitre IV

Du rapatriement et de la conduite

Art. 107. — Sauf les exceptions prévues à l'article 112 ci-après, l'armateur doit assurer, en nature ou en argent, le rapatriement en France des marins délaissés ou débarqués en fin de contrat, hors d'un port métropolitain.

A l'égard de ceux qui ont été embarqués dans une colonie ou un pays de protectorat, le rapatriement doit être effectué dans cette colonie ou ce pays, à moins qu'il ait été stipulé que le marin serait ramené en France (1).

Art. 108. — Le rapatriement comprend, outre le transport, le logement et la nourriture, mais ne s'étend pas à la fourniture des vêtements ; toutefois, l'armateur doit, en cas de nécessité, faire l'avance des frais de vêtements indispensables.

Art. 109. — Dans tous les cas où le rapatriement est dû et n'est pas effectué en nature, le capitaine doit, au moment du débarquement, consigner entre les mains de l'autorité française le montant des frais de rapatriement ; ceux-ci lui sont restitués ultérieurement si l'intéressé se trouve dans le cas de l'article suivant.

Art. 110. — L'armateur a le droit de satisfaire à l'obligation de rapatriement en procurant au marin en état de travailler, et avec le consentement de l'autorité française, un emploi correspondant à celui que ce marin occupait antérieurement, et ce sur un navire de commerce français se dirigeant sur le pays où le rapatriement doit être effectué.

Les salaires acquis par le marin pendant le nouvel embarquement viennent en déduction de ceux qui pourraient lui être dus par l'armateur durant cette période (2).

---

(1) Cf. Cod. co., art 262; décret du 22 septembre 1891 modifié par décret du 24 décembre 1896.

(2) Cf. décret du 22 septembre 1891, art. 7 et 8.

Art. 111. — Les marins non débarqués au port français d'embarquement ont droit à des frais de conduite pour se rendre à ce port, du port français où ils sont débarqués.

Toutefois, ces frais ne sont dus que si le marin quitte dans les huit jours du débarquement le port où il a été débarqué.

S'il se rend à une destination comportant des frais de transport moins élevés que ceux du voyage jusqu'au port d'embarquement, ces frais sont seuls dus par l'armateur.

S'il se rend à une destination comportant des frais de transport plus élevés, ces frais ne sont dus que jusqu'à concurrence des frais du voyage jusqu'au port d'embarquement.

Dans tous les cas, l'armateur n'est tenu de payer les frais de conduite qu'après justification de la dépense réellement faite.

Les frais de conduite ne comprennent que les frais de transport par chemin de fer ou bateau.

Un règlement d'administration publique déterminera, pour chaque catégorie de marins, la classe à laquelle il a droit (1).

Art. 112. — Ne sont à la charge de l'armateur les frais de rapatriement des marins débarqués soit à la suite de congédiement pour motif légitime, soit sur l'initiative de l'autorité française, soit pour subir une peine, soit à la suite d'une maladie ou blessure contractée dans les conditions de l'article 94, paragraphe 5 de la présente loi, soit par suite d'une résiliation effectuée de gré à gré devant l'autorité française (2).

Chapitre V

Des créances et des privilèges des marins

Art. 113. — Les dispositions de l'article 216 du Code de commerce, accordant à l'armateur la faculté de s'exonérer par l'abandon du navire et du fret des engagements contractés par le capitaine, ne sont pas applicables aux créances des marins résultant du contrat d'engagement maritime (3).

Art. 114. — Sont privilégiés sur le navire et le fret, pour la période courant depuis le commencement du dernier voyage : les salaires et indemnités de nourriture des marins ; les frais médicaux et pharmaceutiques et les frais de rapatriement et de conduite ; les allocations représentatives du salaire pouvant être dues en cas de maladie ou de blessure.

Les privilèges relatifs auxdites créances s'exercent sur le navire et sur les sommes dues à l'armateur pour fret et pour avaries et pour autres préjudices subis pendant le dernier voyage.

En conséquence, l'article 191 du Code de commerce est modifié ainsi qu'il suit :

---

(1) Cf. arrêté du 5 germinal an XII, art. 1er et 8 ; décret-loi du 4 mars 1852 ; décret du 22 septembre 1891, art. 16 et 18.

(2) Cf. décret du 22 septembre 1891, art. 19.

(3) Cf. Cod. co., art. 216.

« Sont privilégiées, et dans l'ordre où elles sont rangées, les dettes ci-après désignées :

. . . .

. . . .

« 6° Les salaires et indemnités de nourriture du capitaine et autres gens de l'équipage employés au dernier voyage ; les frais médicaux et pharmaceutiques et les frais de rapatriement et de conduite du capitaine et des autres gens de l'équipage ; les allocations représentatives du salaire pouvant leur être dues en cas de maladie ou de blessure » (1).

. . . .

. . . .

Art. 115. — Les créances spécifiées à l'article 114 sont en outre privilégiées, en cas d'insuffisance des biens et sommes énoncées au paragraphe 2 du même article, sur la généralité des biens de l'armateur.

En conséquence, l'article 2101 du Code civil est modifié ainsi qu'il suit :

« Les créances privilégiées sur la généralité des meubles sont celles ci-après exprimées et s'exercent dans l'ordre suivant :

. . . .

. . . .

« 7° Les salaires et indemnités de nourriture du capitaine et autres gens de l'équipage, les frais médicaux et pharmaceutiques et les frais de rapatriement et de conduite dus au capitaine et autres gens de l'équipage : les allocations représentatives du salaire pouvant leur être dues en cas de maladie ou de blessure. »

Art. 116. — Les créances concernant les salaires dus pendant les périodes de séjour à terre, dont il est fait mention à l'article 59, sont, en ce qui concerne les privilèges, soumises aux règles du droit commun.

Art. 117. — Les créances pour sommes dues aux marins par application de l'article 46 jouissent du même privilège que celles qui sont visées à l'article 2102, § 3 du Code civil (2).

TITRE V

De la fin du contrat d'engagement.

Art. 118. — Le contrat d'engagement prend fin, s'il a été conclu pour une durée déterminée, par l'expiration du temps pour lequel il a été conclu.

Il prend fin, quelle que soit la durée prévue : par le décès du marin; par la résiliation ou la rupture dans les conditions et circonstances prévues aux articles 124 à 138 ci-après ; par la résiliation

(1) Cf. Cod. co., art. 191, 192.
(2) Cf. Code civil, art. 2102.

prononcée par justice en vertu des dispositions de l'article 1184 du Code civil.

En outre, si le contrat a été conclu pour la durée d'un voyage il prend fin : par l'accomplissement du voyage ; par la rupture volontaire ou forcée du voyage.

Art. 119. — Lorsque l'engagement a été contracté pour un temps déterminé, il prend fin à l'échéance du terme pour lequel il a été conclu ; toutefois, il peut être stipulé qu'à moins d'être dénoncé par l'une ou l'autre des parties dans un délai fixé, l'engagement continuera pour une nouvelle période déterminée.

Art. 120. — Lorsque l'engagement a été contracté pour un temps déterminé et que le terme vient à échoir au cours d'un voyage, sans qu'aucune prolongation ait été prévue au contrat, l'engagement continue, s'il s'exécute sur un navire de commerce ou de pêche, jusqu'à l'arrivée de ce navire dans le premier port européen où il effectue une opération commerciale, et, s'il s'exécute sur tout autre navire, dans le premier port européen où ce navire fait escale pendant une durée de vingt-quatre heures au moins.

Toutefois, l'engagement continue jusqu'à l'arrivée dans un port de France, si le navire doit s'y trouver dans un délai d'un mois, à compter de l'expiration du temps stipulé au contrat (1).

Art. 121. — En cas de mort du marin pendant la durée du contrat, ses salaires, s'il est payé au mois, sont dus à sa succession jusqu'au jour de son décès.

Si le marin est engagé pour la durée du voyage et s'il est payé soit à forfait, soit au profit ou au fret, et pour un voyage d'aller seulement, le total de ses salaires ou de sa part est dû, s'il meurt après le voyage commencé ; si l'engagement avait pour objet un voyage d'aller et retour, la moitié des salaires et de la part du marin est due s'il meurt en allant ou au port d'arrivée ; la totalité est due s'il meurt en revenant.

Pour les opérations de la grande pêche, la moitié des salaires du marin ou de sa part est due s'il meurt pendant la première moitié de la campagne ; la totalité est due s'il meurt pendant la seconde moitié.

De quelque manière que le marin soit engagé, ses salaires, s'il est tué en défendant le navire ou en accomplissant pour son salut un acte de dévouement, soit en mer, soit dans un port, sont dus jusqu'à l'expiration d'une période de trois mois courant à partir du décès (2).

Art. 122. — En cas de perte sans nouvelles, sont dus aux ayants droit des marins, en outre des salaires échus jusqu'aux dernières nouvelles : si le marin était payé au mois, un mois en sus ; s'il était

(1) Cf. Pr. disc., 1913, art. 37, paragraphe 1er.
(2) Cf. Cod. co., art. 265.

payé au voyage, la moitié des salaires afférents à la traversée d'aller ou de retour au cours de laquelle le sinistre a eu lieu (1).

Art. 123. — Les dispositions des deux articles précédents sont applicables sans préjudice de conventions contraires plus favorables aux marins ou à leurs ayants droit et des allocations dues aux ayants droit des marins par la caisse de prévoyance.

Art. 124. — La résiliation du contrat d'engagement, quelle que soit la durée prévue, a lieu de plein droit et sans indemnité :

a) En cas de consentement mutuel des parties (2) ;

b) Dans le cas où le marin cesse de remplir les conditions d'aptitude physique prévues à l'article 9.

Art. 125. — La résiliation du contrat d'engagement maritime conclu pour une durée déterminée a lieu de plein droit et sans indemnité, en cas de congédiement par l'armateur ou son représentant pour motif légitime (3).

Sont, notamment, des motifs légitimes de congédiement :

1° Le fait par le marin de ne pas se présenter pour l'embarquement à la première réquisition de l'armateur ou de son représentant, et ce sans préjudice des dommages-intérêts et restitutions d'avances pouvant être réclamées par l'armateur au marin ;

2° L'arrestation du marin inculpé d'un crime ou d'un délit, si le navire est en partance ou, si le navire n'est pas en partance, sa détention pendant plus de cinq jours ;

3° La désobéissance dans les cas où elle constitue, d'après la législation disciplinaire en vigueur, une faute grave contre la discipline ;

4° L'ivresse constatée au moins trois fois comme constituant, d'après la législation disciplinaire en vigueur, une faute grave contre la discipline ;

5° L'absence irrégulière du bord pendant plus de trois jours ;

6° L'absence du bord ou la continuation d'absence du bord, quelle qu'en soit la durée, si elle a lieu, soit entre le moment auquel le capitaine a fixé le commencement du service par quarts en vue de l'appareillage et celui auquel le capitaine a fixé la cessation du service par quarts, soit quand le marin a quitté le bord étant aux arrêts ;

7° L'état d'incurabilité du marin malade ou blessé le mettant définitivement dans l'impossibilité de reprendre son service ;

8° L'incapacité de reprendre le service, par suite de maladie ou de blessure se prolongeant pendant plus de trois mois, à moins de convention contraire ;

9° La blessure ou la maladie du marin le mettant hors d'état

(1) Cf. Cod. co., art. 258, §§ 4 et 5.
(2) Cf. ordonn. du 31 octobre 1784, titre XIV, art. 15.
(3 Cf. ordonn. du 31 octobre 1784, titre XIV, art. 15; Cod. co., art. 270.

de remplir son service, si elle est survenue, soit à bord, soit à terre, par suite d'une faute grave du marin, ou si elle est survenue à terre au cours d'une absence irrégulière ;

10° La prise, le naufrage ou l'innavigabilité du navire sur lequel le contrat doit recevoir ou reçoit exécution, à moins de convention contraire.

Art. 126. — La rupture du contrat d'engagement conclu pour une durée déterminée donne lieu, lorsqu'elle survient par un congédiement donné par l'armateur ou le capitaine, sans motif légitime, à une indemnité à la charge de l'armateur.

Pour la fixation de l'indemnité à allouer, il est tenu compte de la nature des services engagés, du temps écoulé, de celui devant s'écouler jusqu'au terme fixé pour la durée du contrat et, en général, de toutes les circonstances qui peuvent justifier l'existence et déterminer l'étendue du préjudice causé (1).

Des clauses de dédit peuvent être stipulées dans les contrats, à l'effet de fixer forfaitairement l'indemnité due en vertu du présent article ; toutefois, elles ne sont valables que si elles ne constituent pas une renonciation déguisée aux droits conférés par le paragraphe premier du présent article.

Art. 127. — La résiliation du contrat d'engagement maritime conclu pour une durée déterminée a lieu de plein droit et sans indemnité à la charge du marin quand le marin prend congé pour motif légitime.

Sont notamment des motifs légitimes de congé :

1° Le non-payement des salaires aux époques et dans les conditions fixées par la loi ou le contrat ;

2° Le fait d'avoir été victime d'un abus d'autorité de la part du capitaine, si cet abus d'autorité a été constaté et puni conformément à la législation disciplinaire et pénale en vigueur ;

3° L'appel ou l'engagement au service militaire dans l'armée de terre ou l'armée de mer.

Art. 128. — La rupture du contrat d'engagement maritime conclu pour une durée déterminée donne lieu à une indemnité à la charge du marin et au profit de l'armateur lorsqu'elle survient par le fait du marin sans motif légitime.

Les dispositions des paragraphes 2 et 3 de l'article 126 sont applicables dans ce cas.

Art. 129. — La résiliation du contrat d'engagement maritime conclu pour une durée indéterminée a lieu de plein droit par la volonté d'un seul des contractants dès l'expiration du délai de préavis fixé au contrat conformément à l'article 11, et en vertu de la dénonciation qui fait courir ce délai.

La résiliation survenue du fait de l'une des parties peut donner lieu à indemnité, soit dans le cas où elle survient brusquement,

(1) Cod. trav., art. 23 (art. 1780, Code civil).

soit même en cas d'observation du délai de préavis, s'il est établi que cette partie a fait un usage abusif de son droit de résiliation.

Pour la fixation de l'indemnité à allouer, le cas échéant, il est tenu compte des usages, de la nature des services engagés, du temps écoulé et en général de toutes les circonstances qui peuvent justifier l'existence et déterminer l'étendue du préjudice causé (1).

En outre, si le renvoi a eu pour cause la rupture d'un voyage, soit par suite d'interdiction de commerce ou de toute autre décision similaire, soit par suite d'arrêt du navire ou de prise, les marins peuvent avoir part, en réparation du préjudice à eux causé, aux indemnités qui seraient allouées dans les cas visés à l'article 144.

Art. 130. — La durée de tout jour férié, celle de toute période d'exercices dans l'armée de mer ou d'instruction militaire dans l'armée de terre, est toujours exclue de la computation du délai de préavis, tel qu'il est fixé dans les contrats de durée indéterminée (2).

Art. 131. — Si le marin est appelé pour l'accomplissement d'une période obligatoire d'exercices dans l'armée de mer ou d'instruction militaire dans l'armée de terre, le contrat d'engagement de durée déterminée ou de durée indéterminée ne peut être rompu de ce fait.

En cas de violation des dispositions du présent article, la partie lésée a droit à des dommages-intérêts arbitrés par le juge conformément aux indications de l'article 129 (3).

Art. 132. — Dans le cas où des femmes ont contracté un engagement maritime de durée déterminée ou indéterminée, les articles 29 et 29 *a* du Code du travail sont applicables (4).

Art. 133. — Le marin ne peut, ni dans les ports français, ni dans les ports étrangers, user du droit de résiliation qui lui est reconnu par l'article 129, à partir du moment fixé par le capitaine du navire en partance pour le commencement du service par quarts en vue de l'appareillage, sans que, toutefois, la faculté de quitter le service puisse lui être refusée plus de douze heures avant le moment fixé pour l'appareillage, si le marin appartient au personnel du pont ou à celui des machines, et si le navire est au port depuis plus de quarante-huit heures ; plus de quatre heures avant le moment fixé pour l'appareillage, si le marin appartient à l'un de ces deux personnels et si le navire est au port depuis moins de quarante-huit heures ; plus de deux heures avant le moment fixé pour l'embarquement des passagers, si le marin appartient au personnel du service général.

Le marin ne peut, ni dans les ports français, ni dans les ports étrangers, user du droit de résiliation qui lui est reconnu par l'article 129 avant le moment fixé par le capitaine du navire entré au port pour la cessation du service par quarts, sans que, toutefois, la faculté

(1) Cf. Cod. trav., art. 23.
(2) Cf. Cod. trav., art. 26.
(3) Cod. trav., art. 25 et 27.
(4) Cf. Cod. trav., art. 29, 29 *a*.

de quitter le service puisse lui être refusée plus de quatre heures après l'arrivée au poste d'amarrage où le navire est en sécurité, si le marin appartient au personnel du pont ou à celui des machines ; plus de deux heures après le départ des passagers, si le marin appartient au personnel du service général.

La violation par le marin des dispositions des paragraphes précédents donne lieu, indépendamment des indemnités pouvant être dues à l'armateur, à l'application des sanctions disciplinaires ou pénales édictées par la loi (1).

Art. 134. — La résiliation du contrat d'engagement maritime conclu pour la durée d'un voyage a lieu de plein droit et sans indemnité en cas de congédiement pour motif légitime, et notamment pour l'un des motifs énoncés au 2°, au 3°, au 4°, au 5° et au 6° du paragraphe 2 de l'article 125.

Elle a également lieu de plein droit et sans indemnité en cas de maladie ou blessure du marin nécessitant son débarquement, sous réserve des droits du marin aux soins et allocations prévus par les articles 94 et 99.

Art. 135. — La rupture du contrat d'engagement maritime conclu pour la durée d'un voyage donne lieu, quand elle survient par le congédiement donné par l'armateur ou par le congé pris par le marin sans motif légitime, à indemnité au profit de l'autre partie.

En cas de congédiement sans motif légitime, l'indemnité à la charge de l'armateur est égale au tiers des salaires afférents à la durée normale du voyage, si la rupture a lieu avant le voyage commencé, et au tiers des salaires restant à acquérir jusqu'à la fin du voyage si elle a lieu pendant le cours du voyage (2).

Art. 136. — Le congédiement, le congé, ou la dénonciation faisant courir le délai de préavis, ont lieu, soit par déclaration faite verbalement ou adressée par écrit à l'autorité maritime, soit par déclaration faite au capitaine, mentionnée au journal de bord, et pouvant, le cas échéant, être formulée en présence de deux témoins ou donner lieu à la délivrance d'un récépissé.

La déclaration faite ou adressée par une partie à l'autorité maritime est immédiatement notifiée à l'autre partie par les soins de cette autorité. Cette notification fait courir le délai de préavis (3).

Art. 137 — Hors des ports métropolitains, la déclaration de résiliation n'a d'effet qu'après avoir été autorisée par l'autorité maritime.

Quand la résiliation a lieu par le consentement mutuel des parties, l'autorité maritime ne peut refuser son autorisation.

Dans les cas prévus aux paragraphes précédents, l'autorité maritime, avant d'accorder son autorisation, statue, sauf recours devant

(1) Cf. Pr. disc. 1913, art. 35, § 1er.
(2) Cf. Cod. co., art. 270.
(3) Cf. Pr. disc. 1913, art. 35, § 4.

les tribunaux, sur le payement ou la consignation des frais de rapatriement du marin dont le contrat est résilié (1).

Art. 138. — Pour l'application de l'article précédent aux marins embarqués sur un navire armé en Algérie, dans une colonie française ou dans un pays de protectorat sous le régime de la loi métropolitaine, les ports de l'Algérie, de la colonie ou du pays de protectorat sont, respectivement, considérés à leur égard comme ports métropolitains (2).

Art. 139. — Quand le contrat est conclu pour la durée d'un voyage, la rupture du voyage par le fait de l'armateur ou de son représentant donne lieu à indemnité au profit du marin.

Si la rupture du voyage a lieu avant le départ, le marin retient pour indemnités les avances reçues.

A défaut d'avances, il reçoit une somme au moins équivalente à un mois des salaires tels que ceux-ci ont été fixés au contrat, si le marin est payé au mois, ou tels qu'ils peuvent être évalués d'après la durée présumée du voyage, si le marin est payé au voyage.

En outre, le marin est payé des journées par lui employées au service du navire.

Si la rupture du voyage a lieu après le voyage commencé, le marin payé au mois reçoit les salaires stipulés pour le temps qu'il a servi et, en outre, pour indemnité, la moitié des gages tels qu'ils peuvent être évalués d'après la durée présumée du voyage. Il reçoit, s'il est payé au voyage, l'intégralité des salaires stipulés aux termes de la convention (3).

Art. 140. — Lorsque les marins sont rémunérés au profit ou au fret, la rupture du voyage survenue par le fait de l'armateur ou de son représentant, soit avant le départ, soit après le voyage commencé, peut donner lieu à une indemnité (4).

Art. 141. — Lorsque la rupture du voyage arrive par le fait des chargeurs, les marins rémunérés au fret ont part aux indemnités qui sont adjugées au navire.

Ces indemnités leur sont allouées dans la proportion où l'aurait été le fret (5).

Art. 142. — Si, par suite d'interdiction de commerce, d'arrêt du navire, ou de toute autre circonstance de force majeure, le voyage devient impossible avant qu'il soit commencé, la rupture de ce voyage ne donne droit à aucune indemnité au profit des marins.

Toutefois, ceux-ci sont payés des journées par eux employées au service du navire, s'ils devaient être rémunérés au mois ou au voyage (6).

---

(1) Cf. ordonn. du 31 octobre 1784, titre XIV, art. 15; Pr. disc. 1913, art. 36.
(2) Cf. Pr. disc. 1913, art. 36.
(3) Cf. Cod. co., art. 252.
(4) Cf. Cod. co., art. 257, § 4.
(5) Cf. Cod. co., art. 257, §§ 2 et 3.
(6) Cf. Cod. co., art. 253.

Art. 143. — Si, par suite des circonstances visées à l'article précédent, et autres que celles qui sont visées à l'article 145, la continuation du voyage commencé devient impossible, les marins payés au mois reçoivent les salaires dus pour le temps qu'ils ont servi ; ceux qui sont payés au voyage reçoivent la totalité des salaires stipulés au contrat ; ceux qui sont rémunérés au profit ou au fret reçoivent la part leur revenant en vertu du contrat sur le profit réalisé ou le fret gagné pendant la partie du voyage effectué (1).

Art. 144. — Dans le cas où des indemnités sont allouées par des gouvernements ou autorités administratives ou judiciaires, soit en réparation du préjudice causé par des décisions gouvernementales ou administratives ayant rendu impossible le voyage ou la continuation du voyage commencé, soit en raison de ce qu'une prise a été déclarée non valable, les marins qui, par application des deux articles précédents, n'ont pas reçu la totalité des salaires auxquels ils auraient eu droit pour la durée présumée du voyage, ont part à ces indemnités.

Art. 145. — En cas de prise, naufrage ou déclaration d'innavigabilité, les marins rémunérés au mois ou au voyage sont payés de leurs salaires jusqu'au jour de la cessation de leurs services, à moins qu'il ne soit prouvé, soit que la perte du navire est le résultat de leur faute ou de leur négligence, soit qu'ils n'ont pas fait tout ce qui était en leur pouvoir pour sauver le navire, les passagers et les marchandises ou pour recueillir les débris.

Dans ce cas, il appartient aux tribunaux de statuer sur la suppression ou la réduction des salaires qu'ils ont encourue (2).

TITRE VI

Dispositions spéciales au capitaine et aux officiers.

Art. 146. — Les dispositions des titres II, III, IV et V de la présente loi sont applicables au contrat d'engagement conclu entre les armateurs et les capitaines et officiers, en tant qu'elles n'ont rien de contraire aux dispositions du présent titre

Art. 147. — Les conventions passées entre l'armateur et le capitaine relativement à la mission commerciale de ce dernier en qualité de mandataire de l'armateur, peuvent être valablement constatées sans l'intervention de l'autorité maritime (3).

Art. 148. — A la mer et dans les rades foraines, le personnel officier du pont et celui des machines marchent par quarts. Il y a deux quarts au moins pour le personnel officier du pont ; il y en a trois pour le personnel des machines, dans tous les cas où le personnel des machines comprend lui-même trois quarts.

Aucun officier du bord ne peut refuser ses services, quelle que

(1) Cf. Cod. co., art. 254.
(2) Cf. Cod. co., art. 258, §§ 1, 2, 3.
(3) Cf. Cod. co., art. 250.

soit la durée des heures de travail qui lui sont commandées. Mais l'organisation des quarts doit être réglée de façon qu'aucun officier du pont n'ait à faire plus de douze heures de service par jour et qu'aucun officier des machines n'ait à faire plus de huit heures, dans tous les cas où le personnel des machines comprend lui-même trois quarts.

Hors les circonstances de force majeure et celles où le salut du navire, des personnes embarquées ou de la cargaison est en jeu, circonstances dont le capitaine est seul juge, toute heure de service commandée au delà des limites fixées par le paragraphe précédent donne lieu à une allocation supplémentaire proportionnelle, qui ne peut être moindre de 1 franc par heure de service accomplie en plus du service normal (1).

Art. 149. — Dans le port ou sur une rade abritée, le personnel officier du pont ne doit, en dehors des circonstances de force majeure, qu'un service de dix heures par jour ; celui des machines ne doit, en dehors des mêmes circonstances, qu'un service de huit heures par jour.

Cependant, le jour de l'arrivée, ainsi que le jour du départ, les temps cumulés de service en rade ou dans le port et de service à la mer peuvent atteindre douze heures pour tout le personnel officier, sans donner lieu obligatoirement à aucune rémunération supplémentaire, à la condition, toutefois, que ces jours d'arrivée ou de départ ne se reproduisent pas plus de deux fois par semaine ; dans le cas contraire, les dispositions des paragraphes 2 et 3 de l'article précédent sont applicables (2).

Art. 150. — Les officiers ont droit à une journée de repos complet par semaine.

Des journées de repos compensateur, comprises ou non dans une période de congé, leur sont, suivant les conventions intervenues entre eux et les armateurs, accordées à terre, en remplacement du repos hebdomadaire qui n'aurait pu leur être accordé en mer.

Art. 151. — Les dispositions des articles 41, 42 et 43 de la présente loi, concernant le règlement des salaires en cas de retardement, prolongation ou abréviation du voyage, ne s'appliquent pas au capitaine quand ces événements proviennent de son fait.

Les dispositions des articles 49 et 50 sont également inapplicables au capitaine.

Art. 152. — Dans la navigation à la grande pêche, les avances prévues à l'article 70 et payées au capitaine et aux officiers ne doivent pas dépasser 350 francs.

Art. 153. — L'article 71, relatif aux acomptes n'est pas applicable au capitaine.

Art. 154. — Les rémunérations du capitaine autre que sa solde

---

(1) Cf. L. 1897, art. 22, §§ 2 et 3.
(2) Cf. L. 1907, art. 23.

fixe sont saisissables en totalité pour sommes par lui dues à l'armateur en qualité de mandataire de celui-ci.

La solde fixe est saisissable, pour les mêmes causes, dans les limites fixées à l'article 83.

Art. 155. — Quelle que soit la durée du contrat, le capitaine ne peut résilier le contrat ni le rompre au cours d'un voyage (1).

Art. 156. — Quelle que soit la durée du contrat, l'armateur peut toujours congédier brusquement le capitaine, à charge par lui de payer, à raison du brusque renvoi, une indemnité, celle-ci étant, dans les contrats de durée indéterminée, égale aux salaires dus pendant la durée du délai de préavis.

Si l'armateur procure au capitaine un emploi correspondant à celui qu'il occupait antérieurement et lui paye ses salaires jusqu'au jour où il prend possession du nouvel emploi, aucune autre indemnité n'est due en raison du brusque renvoi (2).

Les dispositions qui précèdent ne font pas obstacle à ce que le capitaine reçoive de plus amples dommages-intérêts, soit en vertu de clauses de dédit stipulées dans les contrats qui ont été conclus pour une durée déterminée ou pour celle d'un voyage, soit en vertu de décisions judiciaires et par application des articles 126 et 129 de la présente loi, s'il y a eu congédiement sans motif légitime ou si, le contrat étant de durée indéterminée, l'armateur a fait un usage abusif de son droit de résiliation.

Art. 157. — Le congédiement du capitaine par l'armateur, survenant hors des ports métropolitains, n'est pas soumis à l'autorisation de l'autorité maritime, prévue à l'article 137.

Art. 158. — Les capitaines et officiers ayant accompli plus de dix années de service pour le compte du même armateur ont droit, si ces services prennent fin par suite d'une circonstance ne constituant pas une faute à eux imputable, et quelle que soit la durée du contrat alors en cours, à une indemnité au moins égale à six mois du dernier salaire.

Cette indemnité est augmentée d'une somme égale à trois mois du dernier salaire pour chaque période de cinq années, en sus des dix premières, pendant laquelle le capitaine ou l'officier est demeuré au service de l'armateur. L'indemnité ci-dessus prévue est indépendante de celle à laquelle le capitaine ou l'officier peut avoir droit pour brusque renvoi.

Les dispositions des deux premiers paragraphes du présent article ne font pas obstacle à ce que le capitaine ou l'officier reçoive de plus amples dommages-intérêts, soit en vertu des clauses de dédit stipulées dans les contrats qui ont été conclus pour une durée déter-

(1) Cf. Cod. co., art. 238.
(2) Cf. Cod. co., art. 218.

minée ou pour celle d'un voyage, soit en vertu de décisions judiciaires et par application des articles 126 et 129 de la présente loi, s'il y a eu congédiement sans motif légitime ou si, le contrat étant de durée indéterminée, l'armateur a fait un usage abusif de son droit de résiliation.

TITRE VII

Dispositions spéciales applicables aux marins âgés de moins de vingt et un ans (mousses, novices, pilotins).

Art. 159. — Les dispositions des titres II, III, IV et V de la présente loi sont applicables aux contrats d'engagement maritime passés avec des mineurs non émancipés en tant qu'elles n'ont rien de contraire aux dispositions du présent titre.

Art. 160. — L'autorisation donnée à un mineur par la personne investie de la puissance paternelle, pour un premier embarquement, confère à ce mineur capacité pour accomplir tous les actes se rattachant à ses engagements, notamment pour toucher ses salaires. Cette capacité cesse si la personne investie de la puissance paternelle retire l'autorisation par une déclaration faite devant l'administrateur de l'inscription maritime (1).

Toutefois, le retrait de cette autorisation ne peut être opposé aux tiers s'il n'a pas été porté à leur connaissance avant la formation du contrat.

L'autorisation ne peut être retirée quand le mineur a atteint l'âge de dix-huit ans.

Art. 161. — Est considéré comme mousse tout mineur âgé de moins de seize ans.

Est considéré comme novice tout mineur âgé de plus de seize ans et de moins de dix-huit ans (2).

Est considéré comme pilotin tout mineur, même âgé de plus de dix-huit ans, qui est engagé en vue de se préparer aux fonctions d'officier du pont ou des machines, soit avec salaire réduit, soit sans stipulation d'aucun salaire, et avec ou sans versement fait à l'armateur ou à son représentant d'une allocation représentative des frais de nourriture et autres occasionnés par son embarquement. La base des versements à faire aux caisses des invalides et de prévoyance est déterminée par les lois et règlements régissant ces caisses.

Les mousses, novices et pilotins sont, dans tous les cas, embarqués en sus du nombre des marins nécessaires pour l'observation des dispositions légales et réglementaires sur le travail à bord.

Art. 162. — Le nombre des mousses et novices à embarquer sur les navires de commerce de plus de 200 tonneaux de jauge brute est déterminé à raison de :

1° En ce qui concerne le personnel du pont un mousse ou

---

(1) Cf. loi du 24 décembre 1896, art. 51.
(2) Cf. décret du 23 mars 1852, art. 1er.

novice par quinze hommes ou fraction de quinze hommes, et un mousse ou novice par chaque dizaine ou fraction de dizaine d'hommes en sus, les officiers, mais non les mousses et novices déjà embarqués, entrant en compte pour le calcul de l'effectif du personnel. Toutefois, des inscrits provisoires âgés de plus de dix-huit ans et de moins de vingt ans et possesseurs du certificat de théorie long cours ou de cabotage peuvent être embarqués en remplacement de novices;

2° En ce qui concerne le personnel des machines, un mousse ou novice quand le personnel comprend au moins seize hommes, et un mousse ou novice par chaque vingtaine ou fraction de vingtaine d'hommes en sus, les officiers mécaniciens, mais non les mousses et novices déjà embarqués, entrant en compte, pour le calcul de l'effectif du personnel. Toutefois, des élèves mécaniciens ou électriciens, inscrits provisoires âgés de plus de dix-huit ans et de moins de vingt ans et justifiant de deux ans d'atelier, peuvent être embarqués en remplacement de novices ;

Nonobstant les dispositions qui précèdent, le nombre total des mousses et novices à embarquer obligatoirement sur un navire, au titre du personnel du pont, n'est en aucun cas supérieur à cinq ; celui des mousses et novices à embarquer obligatoirement sur un navire, au titre du personnel des machines, n'est en aucun cas supérieur à six.

Si, par suite de décès, débarquement ou autre cause, le nombre des mousses et novices embarqués sur un navire devient, en cours de voyage, inférieur au minimum prescrit par les dispositions précédentes, l'armateur ou son représentant n'est tenu d'embarquer un nouveau mousse ou novice en vue de se conformer auxdites dispositions que lors de l'arrivée du navire dans un port de France et à la condition que le voyage ne doive pas prendre fin dans le délai d'un mois à dater de cette arrivée (1).

Art. 163. — L'embarquement à titre professionnel est interdit pour les enfants âgés de moins de treize ans révolus. Ceux-ci peuvent toutefois être inscrits provisoirement sur les registres de l'inscription maritime et embarqués, si, étant âgés de douze ans au moins, ils sont titulaires du certificat d'études primaires.

L'embarquement est subordonné à la présentation d'un certificat d'aptitude physique, délivré à titre gratuit par un médecin désigné par l'autorité maritime ; si ce certificat ne constate l'aptitude de l'enfant que pour un genre de navigation, celui-là seul est permis (2).

Art. 164. — L'embarquement des mousses n'ayant pas quinze ans révolus au moment du départ du navire est interdit sur tout navire armé pour les grandes pêches de Terre-Neuve et d'Islande.

Toutefois, cette interdiction peut être levée par une autorisation

---

(1) Cf. L .1907, art. 30.
(2) Cf. L. 1907, art. 29.

donnée annuellement et spécialement au navire et au capitaine par le sous-secrétaire d'Etat de la marine marchande (1).

Art. 165. — Il est interdit de faire faire aux mousses le service des quarts de nuit de huit heures du soir à quatre heures du matin.

Les mousses et les novices ne peuvent être employés au travail des chaufferies ni des soutes (1).

Art. 166. — Un règlement d'administration publique déterminera dans quelles conditions les prescriptions des articles 162 et 165 sont applicables sur les navires de commerce de moins de 200 tonneaux de jauge brute et sur les navires de pêche

Art. 167. — Sauf convention contraire, le mineur engagé comme pilotin a droit à la même nourriture que les officiers.

Art. 168. — Les deux premiers mois du contrat du pilotin sont considérés comme un temps d'essai pendant lequel le contrat peut être résilié de plein droit et sans indemnité par la volonté de l'une des parties (2).

Toutefois, si le contrat est résilié dans les deux premiers mois par l'armateur ou son représentant, l'allocation versée par le pilotin, ou en son nom, est restituée, sous déduction d'une somme représentant les frais d'entretien du pilotin jusqu'au jour de la résiliation, et fixée à 5 francs par jour, sauf convention contraire.

Si le contrat est résilié dans le même délai par le fait du pilotin ou de la personne investie à son égard de la puissance paternelle, l'allocation versée à l'armateur ou à son représentant demeure intégralement acquise, sauf convention contraire.

TITRE VIII

Des litiges relatifs au contrat d'engagement maritime (Compétence, procédure, prescription).

Art. 169. — Les litiges qui s'élèvent relativement au contrat d'engagement maritime entre les armateurs ou leurs représentants et les marins, les capitaines des navires de commerce et de pêche exceptés, sont portés devant le juge de paix, après tentative préalable de conciliation devant l'administrateur de l'inscription maritime.

Il en est de même des actions en responsabilité pour quasi-délits commis à l'occasion de l'exécution du contrat d'engagement maritime.

Art. 170. — Dans les ports comprenant plusieurs tribunaux de paix, un décret rendu sur le rapport du garde des sceaux, après entente avec le sous-secrétaire d'Etat de la marine marchande, désigne le canton dont le juge de paix doit connaître des litiges relatifs aux engagements maritimes.

Art. 171. — Le juge de paix connaît, en premier et dernier

(1) Cf. L. 1907, art. 30.
(2) Cf. Cod. trav. art. 13.

ressort, des litiges relatifs aux engagements maritimes, jusqu'à la valeur de 300 francs et des mêmes litiges à charge d'appel, à quelque valeur que la demande puisse s'élever (1).

Art. 172. — Hors les cas prévus au paragraphe premier de l'article 173, l'administrateur de l'inscription maritime et le juge de paix compétents sont ceux de tout port où le marin est domicilié ou résidant, ou se trouve momentanément, si la contestation est soulevée par l'armateur, et, si elle est soulevée par le marin, ceux de tout port où l'armateur a son principal établissement maritime, ou une succursale.

Art. 173. — Quand le litige naît, à l'occasion de l'exécution du contrat sur un navire déterminé, soit au port d'embarquement, soit dans un port d'escale, soit au port de débarquement, l'administrateur de l'inscription maritime et le juge de paix compétents sont ceux de ce port.

Toutefois, si, par suite de son départ, le défendeur ne peut plus être appelé en conciliation, ni cité en justice de paix, conformément aux dispositions du paragraphe précédent, ou si, après avoir comparu en conciliation devant l'administrateur de l'inscription maritime du port d'embarquement, d'escale ou de débarquement, il ne peut plus, par suite de son départ, être cité devant le juge de paix de ce port, les règles de compétence fixées à l'article précédent demeurent respectivement applicables.

Art. 174. — Le sous-secrétaire d'Etat de la marine marchande peut exercer au nom des marins ou de leurs ayants droit, d'office et sans avoir à justifier d'aucun pouvoir spécial, les actions qui leur appartiennent à raison du contrat d'engagement maritime.

L'autorité maritime peut, en outre, intervenir en tout état de cause dans tout litige relatif à ce contrat.

Dans le cas où une action est exercée collectivement, par application du paragraphe premier du présent article, au nom des marins faisant ou ayant fait partie de l'équipage d'un même navire ou de leurs ayants droit, le juge de paix statue en dernier ressort si la part afférente à chacun des marins intéressés n'est pas supérieure à 300 francs ; il statue pour le tout à charge d'appel, si la part d'un seul des intéressés excède cette somme (2).

Art. 175. — Si, pour la tentative de conciliation, les parties ne se présentent pas spontanément l'une et l'autre devant l'administrateur de l'inscription maritime, celui-ci fait appeler par voie administrative la partie qui n'a pas comparu. En cas de conciliation, l'administrateur de l'inscription maritime peut, sur la demande de l'une des parties, dresser procès-verbal des conditions de l'arrangement ; ce procès-verbal a force d'obligation privée.

En cas d'échec de la tentative de conciliation, l'administrateur dresse procès-verbal et y insère son avis motivé sur la contestation;

(1) Cf. loi 12 juillet 1905, art. 2.
(2) Cf. loi du 12 juillet 1905, art. 9.

Il remet au demandeur copie de ce procès-verbal, contenant permission de citer devant le juge de paix compétent. Toute citation en justice de paix donnée sans la permission de citer prévue au paragraphe précédent donne lieu, contre l'huissier, à l'application des dispositions de l'article 7, paragraphe 5, et de l'article 19 de la loi du 25 mai 1838 (1).

Art. 176 — Les citations en justice de paix dans les litiges relatifs au contrat d'engagement maritime peuvent être données de jour à jour ou d'heure à heure (2).

Le juge de paix statue d'urgence.

Art. 177 — Toute citation donnée à bord à la personne citée est valable (3).

Art. 178. — S'il y a jugement par défaut, la signification du jugement est faite verbalement au marin défendeur dans le port où il est domicilié ou résidant, ou dans celui où il se trouve momentanément, et, à l'armateur défendeur, dans tout port où il a son principal établissement maritime ou une succursale. Elle est, en outre, toujours valablement faite à personne en n'importe quel lieu.

Art. 179. — Si les parties comparaissent et qu'à la première audience il n'intervient pas de jugement définitif, les parties domiciliées dans le lieu où siège le tribunal sont réputées de plein droit avoir fait élection de domicile au bureau de l'administrateur de l'inscription maritime, même pour la signification du jugement définitif (4).

Art. 180. — Tout jugement qui n'a pas été rendu à la première audience est transmis aussitôt par le greffier de la justice de paix à l'administrateur de l'inscription maritime, par simple lettre recommandée ; le délai d'appel commence à courir du lendemain de cette transmission à l'égard de toutes parties.

Art. 181. — Le délai d'appel des jugements rendus par le juge de paix, dans les litiges relatifs au contrat d'engagement maritime, est calculé conformément à l'article 13, paragraphe premier, de la loi du 12 juillet 1905.

Art. 182 — Lorsque, par application de l'article 16 de la présente loi, l'autorité maritime s'oppose à la signature d'un contrat d'engagement et refuse de le viser, le recours contre cette décision est porté devant le président du tribunal civil de l'arrondissement, qui statue conformément aux règles de la procédure suivie en matière de référé, et à charge d'appel dans tous les cas.

Art. 183. — En cas de litige survenu hors des ports métropolitains, relativement à un contrat d'engagement maritime régi par la présente loi, l'autorité maritime de la circonscription dans

(1) Cf. loi du 25 mai 1838, art. 17, 18, 19.
(2) Cf. Code de procédure civile, art. 419.
(3) Cf. Code de procédure civile, art. 419.
(4) Cf. Code de procédure civile, art. 422.

laquelle se trouve le port colonial ou étranger tente de concilier les parties dans les conditions et suivant les formes prévues à l'article 175 (1).

En cas d'échec de la tentative de conciliation, l'instance est introduite en France devant le juge de paix compétent en vertu de l'article 172.

Art. 184. — Toutes actions ayant trait au contrat d'engagement maritime sont prescrites cinq ans après la naissance de la créance prétendue (2).

Art. 185. — Les litiges survenus entre les armateurs et les capitaines des navires de commerce et de pêche demeurent soumis à la juridiction commerciale (3).

Les deux derniers alinéas de l'article 633 du Code de commerce sont, en conséquence, modifiés ainsi qu'il suit :

« La loi répute pareillement actes de commerce :

. . . .

« Tous engagements des capitaines pour le commandement des navires de commerce et de pêche, tous accords et conventions relatifs à ces engagements. »

TITRE IX

Dispositions applicables aux engagements maritimes des marins étrangers sur des navires français ou étrangers et des marins français sur des navires étrangers.

Art. 186 — Les dispositions de la présente loi sont applicables aux marins étrangers engagés soit en France, soit dans une colonie française ou un pays de protectorat, soit à l'étranger, pour servir sur un navire français armé sous le régime de la loi métropolitaine.

Toutefois, les articles 107 à 112, relatifs au rapatriement et à la conduite, ne sont applicables aux marins étrangers engagés en France qu'en tant qu'il n'y est pas dérogé par une clause contraire du contrat d'engagement ; les mêmes articles ne sont pas applicables aux marins étrangers engagés hors de France, si une clause expresse du contrat d'engagement ne prévoit pas leur application.

Si une convention diplomatique intervenue entre le Gouvernement français et l'Etat dont le marin étranger est ressortissant prévoit l'obligation de rapatrier dans cet Etat ou d'assister jusqu'à leur retour dans cet Etat les marins étrangers débarqués hors de France, et hors des territoires de l'Etat dont ils sont ressortissants, les intéressés peuvent, dans tous les cas, réclamer le bénéfice, à défaut d'application des dispositions de la présente loi ou du contrat, ou aux lieu et place de cette application.

Si aucune obligation de rapatriement ou d'assistance à l'égard du marin étranger débarqué hors de France et des territoires de l'Etat dont il est ressortissant n'est à la charge de l'armateur ou de

(1) Cf. ordonnance du 29 octobre 1833, art. 20.
(2) Cod. co., art. 433.
(3) Cf. Cod. co., art. 633.

son représentant, en vertu de la présente loi, du contrat d'engagement ou d'une convention diplomatique, l'armateur ou son représentant est tenu tout au moins de remettre ce marin aux mains du consul de sa nation dont la résidence est la plus proche (1).

Art. 187. — Les dispositions de la présente loi relatives à la saisissabilité ou cessibilité des salaires des marins, des objets, biens et valeurs leur appartenant, sont applicables aux marins français ou étrangers engagés pour servir sur un navire étranger.

Les autres dispositions des titres I à VII de la présente loi ne sont pas applicables aux marins étrangers engagés, même en France, pour servir sur un navire étranger ; les engagements de ces marins sont réputés avoir été contractés sous la loi du pavillon du navire étranger.

Il en est de même en ce qui concerne les marins français engagés, même en France, pour servir sur un navire étranger, à moins que le contrat d'engagement n'ait été conclu dans les formes prescrites par la présente loi et qu'il ne soit établi que l'intention des parties a été de contracter sous l'empire de la présente loi.

Art. 188 — Les dispositions du titre VIII de la présente loi sont applicables en cas de litige survenu dans un port métropolitain relativement aux engagements des marins français ou étrangers sur des navires étrangers, et porté devant les autorités françaises, à moins de clauses contraires contenues dans des conventions diplomatiques ou dans des contrats d'engagement.

Art. 189. — Il est interdit aux marins français de contracter un engagement pour servir sur un navire étranger sans le consentement de l'autorité maritime.

Ce consentement pourra être refusé, si le capitaine du navire étranger engageant un marin en France ne s'oblige pas, par une soumission en double exemplaire, à assumer les frais de rapatriement. L'un des exemplaires de cette soumission est remis au marin (2).

Tout engagement conclu en violation des dispositions du paragraphe 1er du présent article est nul et ne peut donner lieu à aucune action devant les tribunaux français.

TITRE X

Dispositions générales

Art. 190. — Les dispositions de la présente loi sont applicables à tous engagements maritimes conclus entre armateurs et marins français en vue du service à bord de navires français armés en France ou armés dans les colonies sous le régime de la loi métropolitaine.

Art. 191. — L'autorité maritime est, au sens de la présente loi, le fonctionnaire chargé, dans la France métropolitaine, du service

(1) Cf. décret du 22 septembre 1891, art. 3.
(2) Cf. circulaires des 15 décembre 1891, 28 mars 1893 et 30 juillet 1910.

de l'inscription maritime dans chaque quartier ; dans les colonies françaises et pays de protectorat, le fonctionnaire chargé de la police de la navigation ; dans les rades et ports étrangers, l'autorité consulaire française.

Les pouvoirs conférés par la présente loi à l'autorité maritime ou à l'administrateur de l'inscription maritime ne peuvent être exercés par les agents consulaires (1).

Art. 192. — Sont déclarées d'ordre public les dispositions de la présente loi, à l'exception de celles qui sont contenues dans les articles : 24, 26 paragraphe 1er, 36, 40 paragraphe 4, 49 paragraphe 2, 2°, 57 paragraphe 2 et 3, 59, 60, 61 paragraphe 1er, 64, 74 paragraphe 2, 86 paragraphe 1er, 93 paragraphe 2, 103, 106, 119, 120, 125 paragraphe 2, 8° et 10°, 126 paragraphe 3, 147, 150 paragraphe 2, 167, 168 paragraphes 2 et 3, 186 paragraphe 2, 187 paragraphe 3, 188.

Sont toutefois valables toutes conventions contraires aux dispositions des articles 121, 122, 139 et 142, en tant que leur application serait plus favorable que celle desdits articles aux marins ou à leurs ayants-droit.

Art. 193. — Les sanctions pénales applicables en cas d'infraction à celles des dispositions de la présente loi qui peuvent comporter de telles sanctions seront édictées par la loi relative au régime disciplinaire et pénal de la marine marchande (Livre II du Code du travail maritime).

Art. 194. — Un règlement d'administration publique déterminera dans quelles conditions la présente loi sera applicable aux bateaux de pêche ne s'éloignant pas habituellement du port pendant une durée de plus de soixante-douze heures.

Art. 195. — Sont abrogées à partir de la promulgation de la présente loi :

Les dispositions des anciens règlements relatifs à l'engagement des gens de mer et notamment celles des édits de mars 1584 et juillet 1720, de l'article 18 de l'ordonnance de 1681, du règlement du 8 mars 1722, de la déclaration du roi du 18 décembre 1728, de l'arrêt du Conseil du 19 janvier 1734, de l'ordonnance du 1er novembre 1745, du titre XIV de l'ordonnance du 31 octobre 1784 ;

L'article 20 de l'arrêté du 7 vendémiaire an VIII ;

Les articles 218, 250, 251, 252, 253, 254, 255, 256, 257, 258, 260, 261, 262, 263, 264, 265, 266, 267, 268, 269, 270, 271, 272, 319 du Code de commerce.

L'article 37 paragraphe 1er du règlement du 17 juillet 1816 ;

L'article 3 paragraphe 3 de l'ordonnance du 9 octobre 1837 ;

Le décret-loi du 4 mars 1852 ;

Les articles 22, paragraphes 1, 3 et 4, 23, 24, 25, 26,27, 28, 29, 30 et 31 de la loi du 17 avril 1907, et toutes autres dispositions législatives ou réglementaires contraires à celles de la présente loi.

---

(1) Cf. Pr. disc. 1913, art. 2; ordonnance du 29 octobre 1833.

II. — NOTICE HISTORIQUE SUR LES PREMIERS CODES MARITIMES

L'étude de l'évolution du droit maritime présente un vif intérêt.

Il semble prouvé que même dans des temps très reculés il existait une sorte de code des coutumes et règles en vigueur chez les marins, dont les prescriptions étaient observées d'une façon quasi générale et non pas seulement par les marins d'un pays déterminé. Les sanctions qu'il prévoyait semblent avoir été surtout d'ordre religieux. Toutefois, chez les Grecs, ce code prit un caractère plus nettement juridique et l'on vit se développer entre les cités un droit maritime assez étendu.

Pendant tout le moyen âge et jusqu'à l'époque de la formation des Etats européens modernes, il ne pouvait y avoir de droit maritime international, au sens strict du mot. Il n'existait, en effet, à cette époque, aucune communauté internationale d'Etats, fondée sur la reconnaissance générale des principes fondamentaux de la souveraineté nationale et de l'égalité juridique d'Etats indépendants. Néanmoins, l'observation générale de règles et de coutumes, déjà constatée dans l'Antiquité, continua à se manifester au moyen âge, et ce n'est qu'au début des temps modernes, après la formation définitive des Etats, que l'on commença à codifier le droit maritime sur une base *nationale*. L' « Ordonnance de la Marine » promulguée en France en 1681 marque le point de départ de cette codification.

Pendant tout le XVIIIe siècle les codes maritimes demeurèrent nationaux, ce qui correspond aux caractères généraux de l'époque.

Au début du XIXe siècle, l'élaboration de codes commerciaux introduisit des éléments internationaux nouveaux qui se développèrent au cours du siècle et qui, au XXe siècle permettent d'élaborer des codes, à la fois plus étendus et d'un caractère plus international.

On voit donc que, si les efforts entrepris par le *Comité maritime international* pour grouper des représentants des nations maritimes en vue d'une unification du droit maritime ne remontent pas à plus d'une génération, l'acceptation par plusieurs nations de coutumes et de lois, applicables lorsque les intérêts communs de leurs navigateurs et de leurs marchands sont en jeu, est loin d'être nouvelle.

Bien que l'on ne puisse dire qu'un code international, au sens strict du mot, existait pendant la période qui vit naître le commerce moderne, le fait que le commerce maritime dépassait les limites des petits Etats médiévaux et reliait, au point de vue commercial, des Etats politiquement indépendants, eut pour conséquence naturelle une tendance à l'uniformisation des solutions données aux différends maritimes. Ce fut le cas, même lorsqu'il n'existait pas une entente commerciale telle que la Ligue hanséatique. Les décisions des tribunaux et les coutumes, qui tout d'abord étaient transmises d'une ville à l'autre par les récits des marchands et des marins, finiront par être rédigées par écrit, ce qui rendit plus facile leur unification et permit aux autorités judiciaires de procéder à une étude approfondie des coutumes juridiques étrangères.

Il existe six collections de lois présentant un très grand intérêt au point de vue international.

1° Les Lois de Rhodes ;
2° Les Ordonnances de Trani ;
3° Les Rôles d'Oléron ;
4° Les Lois de Wisby ;
5° Les Lois de Damme ;
6° Le Consolato del Mare.

1° Les Lois de Rhodes, qui datent du troisième siècle avant Jésus-Christ, formaient un code des coutumes maritimes en vigueur dans l'île de Rhodes, située près de la côte sud-ouest de l'Asie mineure, à l'entrée de la mer Egée. Ces lois furent codifiées au moment où le prestige de cette île, comme centre maritime, avait atteint son apogée. Par la suite, sous Antonin le Pieux, les lois de Rhodes furent adoptées par l'Empire romain dans la mesure où elles n'étaient pas en contradiction avec le droit romain. Par l'extension du droit romain en vigueur au début de l'ère chrétienne, ce recueil de coutumes et de décisions maritimes acquit une notoriété quasi mondiale.

2° Les Ordonnances de Trani, élaborées vers 1063 par la corporation des navigateurs de la ville de Trani, située sur la côte italienne de l'Adriatique, codifièrent les coutumes et la jurisprudence de l'Adriatique. Au cours des onzième et douzième siècles, elles ont exercé une influence marquée. Le « Black Book of the Admiralty », édité par Sir Travers Twiss, reproduit une version vénitienne de ces ordonnances, datant du xve siècle, ainsi que leur traduction en anglais (vol. IV, p. 522).

3° Les Rôles d'Oléron ont rendu célèbre l'île d'Oléron, située au large de la côte française. Au début du moyen âge, elle était fameuse pour le nombre des différends maritimes qui y avaient été tranchés. Quelques-uns des jugements les plus importants prononcés par la Cour d'Oléron furent rassemblés par écrit en 1266 et, au siècle suivant, furent répandus dans les pays du Nord de l'Europe et ceux qui bordent la partie occidentale de la Méditerranée. La plupart des pays baignés par l'Atlantique et la mer du Nord les incorporèrent dans leur lois maritimes. Ces sentences du tribunal d'Oléron furent adoptées en Angleterre et observées conjointement avec les coutumes qui y étaient déjà en vigueur.

Au cours du XIVe siècle, les Cours de Normandie et de Bretagne adoptèrent également les Rôles d'Oléron, avec certaines modifications, et, au cours du XIIIe et au début du XIVe siècle, les rois de Castille élaborèrent des lois maritimes sur la base du récueil des rôles d'Oléron et d'autres recueils analogues. On retrouve l'influence des Rôles d'Oléron dans les lois maritimes de Gottland, ainsi que dans celles de Damme, ville située dans les Flandres. Une traduction en anglais de ces jugements, datant du XIVe siècle, se trouve dans le « Black Book of the Admiralty » (vol. I, p. 89), qui contient également le coutumier d'Oléron (vol. II, p. 211).

4° Les lois maritimes de Wisby ont été peut-être, de toutes les lois primitives, celles dont l'influence a été la plus grande. Wisby, dans l'île de Gottland, commandait l'entrée de la mer Baltique. L'influence exercée par ses coutumes maritimes remonte au XIIe siècle. Le recueil le plus ancien que l'on possède de ces lois date du début du XIVe siècle. Le « Black Book of the Admiralty » (vol. IV, p. 55) contient une traduction en anglais des lois de Wisby, connues également sous le nom de droit maritime de Gottland.

5° On retrouve également l'influence des lois de Wisby et d'Oléron dans les lois maritimes de Damme, dans les Flandres, qui au cours du XIVe siècle, furent répandues dans le Nord de l'Europe.

6° Le « Consolato del Mare », dont l'origine est controversée, est un recueil des anciennes lois maritimes appliquées par les tribunaux consulaires des bords de la Méditerranée. La version espagnole, qui a été rédigée à Barcelone au XIVe siècle et imprimée dans cette ville en 1494, fait partie du code de procédure promulgué par les rois d'Aragon à l'usage des tribunaux maritimes consulaires. Le texte espagnol et le texte anglais du code de Valence figurent dans le « Black Book of the Admiralty » (vol. IV, p. 451) ainsi que le texte espagnol et la traduction anglaise du « Consolato del Mare » (vol. III, p. 50). Au cours des XVIe et XVIIe siècles, ce code fut traduit en italien, en français, en hollandais, en allemand et en anglais. Il constitue une des sources principales du droit maritime moderne. Le code maritime français de 1681 (Ordonnance de la marine) reproduit la plupart de ses dispositions. Les ecclésiastiques qui s'étaient adonnés à la compilation des anciens recueils de lois ne connaissaient que fort peu, jusqu'au XIIe siècle, les choses de la mer ou le commerce maritime. Ils ignoraient la *lingua franca* qui était d'usage courant dans de nombreux tribunaux maritimes. Les croisades amenèrent le clergé à entrer en contact plus étroit avec la vie des ports, et pendant les XIIe et XIIIe siècles l'élaboration de recueils de lois maritimes fit des progrès. Naturellement, les coutumes maritimes demeurèrent longtemps encore instables, car les centres commerciaux se déplaçaient et les relations commerciales s'étendaient sans cesse. L'introduction de nouveaux types de vaisseaux ou de nouveaux genres de cargaison soulevait des problèmes non encore résolus ; à ce propos, rappelons la disposition du code de Valence (1336-1343) qui prescrit aux consuls de la mer, de prononcer leurs jugements en conformité des coutumes écrites de la mer. « Et lorsque les coutumes ou les chapitres sont insuffisamment explicites, les consuls procèderont à une consultation publique des prud'hommes des marchands et de la mer, et ils prononceront par une décision prise à la majorité des voix, mais en tenant compte de la qualité des personnes appelées à donner leur avis. »

Ce bref résumé donne un aperçu de l'évolution du droit maritime au cours du moyen âge.

De tous temps, armateurs et marins ont vécu sous des coutumes et des règles indépendantes et différentes, quant à leur origine, des règles qui régissent la vie de ceux qui demeurent à terre.

Des cours spéciales destinées aux armateurs et aux marins furent créées dans les ports de mer, de même qu'en Angleterre les « cours de piépoudré » (2) furent instituées pour

(1) *The Black Book of the Admiralty* (Séries « Rolls », 1871), vol. IV, p. 493.

(2) « Cours de piépoudré » : cours spéciales établies en Angleterre pendant le moyen âge pour connaître des différends s'élevant entre marchands et citadins à l'occasion des foires et des marchés.

Le vendeur et l'acheteur comparaissaient, couverts de la poussière du voyage (de là le nom donné à ces cours), en vue d'obtenir une décision immédiate, avant que l'une ou l'autre des parties ne fût partie pour un autre district.

trancher les différends intéressant les marchands voyageant en Angleterre (1).

Ces cours appliquaient les coutumes qui prirent naissance à mesure que le commerce se développait autour de certains centres, après le déclin de l'Empire romain et la déchéance de son droit maritime.

Bien que les coutumes locales n'aient été codifiées d'une façon systématique que vers la fin du moyen âge, elles étaient cependant solidement établies bien avant d'être rassemblées sous forme d'un recueil de décisions judiciaires. C'est ainsi que le « Black Book of the Admiralty » (le premier recueil de droit maritime anglais, datant d'environ 1388) cite avec confiance et sans juger nécessaire une explication quelconque, « l'ordonnance ou loi de la mer » (B. article II) (2) et les lois et coutumes des marins (A, article II) (3) comme règles fondamentales. Ces coutumes, bien que d'origine locale, se répandirent avec plus de facilité que celles qui régissent les affaires non maritimes. Dans les différends commerciaux, les intéressés étaient souvent de nationalités différentes et les jugements rendus contribuaient à créer un droit coutumier, né de décisions judiciaires et commun aux deux collectivités auxquelles appartenaient les intéressés, qui rapportaient dans leur pays les solutions intervenues.

Les Rôles d'Oléron, qui furent probablement rédigés par écrit pour la première fois au XIIIe siècle, ont contribué dans une plus large mesure que tous les autres jugements au développement initial du droit maritime moderne et à la similitude relative des codes nationaux A partir du XIIIe siècle, par suite de la situation de Wisby, situé à l'embouchure de la Baltique, les lois maritimes de Wisby ont réglementé presque tout le commerce de la Baltique. Après le déclin des villes wendes, au cours du XIIIe siècle, le commerce à l'intérieur de la Baltique fut dominé par Lübeck.

En ce qui concerne la Méditerranée, les décisions des cours du Levant furent codifiées au cours du XIIe siècle. D'autre part, les Ordonnances de Trani (1063) exercèrent une influence considérable. Ces ordonnances furent l'origine d'une coutume écrite de la mer (Consolato del Mare), fondée sur les jugements des cours maritimes. Cette coutume fut par la suite codifiée, ainsi que les règles de procédure de Valence et d'autres recueils de

(1) *The Black Book of the Admiralty*, vol. I, p. 33.
(2) *Ibid.*, I, p. 83.
(3) *Ibid.*, I, p. 13.

coutumes, par le gouvernement d'Aragon, et imprimée plus tard à Barcelone, en 1494.

A mesure que l'on put faire des voyages plus longs, des liens s'établirent entre les pays éloignés les uns des autres et le droit maritime marqua une tendance de plus en plus nette à devenir uniforme dans toute l'Europe. Chaque Etat, ou chaque groupement d'Etats, avait sans doute son code, mais ces codes différaient plutôt par la forme que par le fond. Cette ressemblance était due en grande partie au fait que ces codes avaient une origine commune. Tous les pays dont les côtes étaient baignées par l'Atlantique ou la mer du Nord s'inspiraient des Rôles d'Oléron. D'autre part, sous l'influence des Ordonnances de Trani et de la codification de Barcelone (qui comprit plus tard les premières coutumes d'Oléron), la pratique judiciaire des Consuls de la mer s'uniformisa dans les ports de la Méditerranée. En Russie, et dans d'autres contrées éloignées, les codes maritimes occidentaux furent employés pour le réglement des affaires traitées par les comptoirs qui avaient établis les compagnies commerciales anglaises, des Flandres et des villes de l'Allemagne septentrionale. D'une façon ou d'une autre, des coutumes semblables se propagèrent dans toute l'Europe occidentale, furent consacrées par la législation et la pratique judiciaire, et lorsque la colonisation commença, dépassèrent les frontières de l'Europe. Ces faits expliquent que les principes, sinon les détails, des codes nationaux modernes découlent d'un petit nombre de sources communes. Quant aux divergences qui les séparent, quelques-unes d'entre elles au moins, datent de l'époque où l'on se mit à considérer le commerce, non plus comme l'entreprise particulière d'un négociant isolé, mais comme un des éléments de l'économie nationale.

Les rapports entre négociants et armateurs occupent une place importante dans les jugements et les coutumes du moyen âge. Les recueils les plus anciens traitent non seulement des devoirs du marin, mais aussi de ses droits. La protection internationale des marins n'est en aucune façon une innovation du xxe siècle; on la retrouve jusque dans les plus anciens codes du moyen âge, dont la sphère d'application s'étendait à de nombreux Etats. Ces codes attachent une importance spéciale aux questions du congédiement et des sanctions. Les Ordonnances de Trani, ne citent que quatre motifs légitimes de renvoi (1) : le blasphème contre Dieu (qui ne pouvait manquer d'attirer la vengeance divine sur le navire), les rixes, le vol, et

(1) *The Black Book of the Admiralty*, IV, p. 529.

les excès. Elles précisent d'une manière curieuse, l'attitude que doit garder le marin à l'égard d'un patron brutal (1). Sous ce rapport, les Rôles d'Oléron sont moins libéraux, car il y est dit que le marin est tenu « de supporter le premier coup, qu'il soit donné avec le poing ou avec la paume de la main » (2).

La coutume anglaise était plus large et comportait une procédure plus régulière : « Aucun capitaine et aucun maître d'équipage ne souffrira qu'un des marins de l'équipage soit maltraité ou battu, mais si un marin transgresse les ordonnances ou le droit de la mer, le capitaine ou le maître d'équipage fera comparaître le contrevenant devant l'amiral ou le vice-amiral pour faire prononcer les sanctions que la loi et la coutume de la mer prescrivent » (3).

Malgré les divergences de détail, les droits du marin sont reconnus d'une façon générale. Le marin n'est pas considéré uniquement comme un élément de l'armement du navire, mais comme une personne libre. Sous ce rapport, le droit maritime du moyen âge est uniforme dans toute l'Europe et en avance sur la plupart des lois nationales.

Les salaires des marins sont aussi l'objet d'une protection spéciale et d'une réglementation plus ou moins internationale. Les taux des salaires sont précisés aussi bien dans l'intérêt de l'armateur que dans celui du marin. Des dispositions spéciales protègent les marins pour le cas où l'armateur estimerait justifiée une réduction de salaire, et prévoient le versement d'indemnités pour des raisons diverses C'est ainsi qu'à l'article 14 des Rôles d'Oléron, il est prévu que le marin qui a été congédié après une dispute avec son patron et à l'encontre de l'opinion exprimée par l'équipage « aura le droit de suivre le navire jusqu'au port de débarquement et de toucher un salaire égal à celui qu'il aurait touché s'il avait réparé sa faute selon la décision de ses camarades » (4)

Tandis que, d'une part, un marin ne peut être astreint à effectuer des travaux pour l'exécution desquels il n'a pas été spécialement engagé (Coutumes d'Oléron, vers 1340, art. 64 (5) ; Coutumes de la Mer, 1494, art. 108 et 137 (6), les pre-

(1) *Art.* 28. — « Aucun maître n'a le droit de battre un marin. Le marin doit s'échapper et passer de la proue à la chaîne des rameurs et prononcer trois fois les paroles suivantes : « Au nom du Seigneur ne me touchez pas », et, si le maître dépasse la chaîne pour le battre, que le marin se défende et, s'il tue son maître, il ne doit pas être banni pour cette raison ». *Black Book*, vol. IV, p. 541.

(2) *Ibid.*, I, p. 105.

(3 *Ibid.*, I, p. 33.

(4) *Ibid.*, I, p. 107.

(5) *Ibid.*, II, p. 345.

(6) *Ibid.*, III, pp. 217-239.

miers codes insistent sur l'obligation pour l'employeur de payer les salaires à leur échéance et de ne faire aucune défalcation non stipulée. Les Coutumes de la Mer sont particulièrement explicites sous ce rapport. Elles établissent, en effet, que le paiement des salaires est la première des obligations en cas d'expédition, et doit être exécuté même si un emprunt est nécessaire pour cela : « Car il importe que le marin reçoive ses gages ». (Art. 92 et 94) (1).

D'après le « Black Book of the Admiralty », une des attributions de l'amiral est de défendre les marins et « si besoin est, d'intenter des poursuites pour obtenir le paiement de leurs salaires et pour qu'il leur soit versé le montant exact de ce qui leur est dû » (2). Il est intéressant de noter cette particularité remarquable qu'il n'était pas nécessaire de présenter par écrit les demandes de paiement de salaires devant les tribunaux jugeant d'après les Coutumes de la Mer.

Il y a lieu de mentionner en outre la responsabilité de l'employeur pour les accidents survenant au cours du travail, reconnue par les textes les plus anciens des Rôles d'Oléron et consacrée par presque tous les codes modernes (3).

Dans les Coutumes d'Oléron (1340) le marin blessé doit non seulement « être soigné aux frais du navire » mais encore « entretenu » (4). Les Coutumes de la Mer, qui étaient en vigueur dans une contrée où les pirates étaient nombreux et les dangers de tomber en esclavage très grands, donnent un autre exemple de la responsabilité de l'armateur (art. 137) : « le marin est tenu d'aller où l'envoie l'armateur et s'il tombe en captivité ou subit un dommage, l'armateur est responsable envers lui » (5).

D'après le Code d'Oléron, le capitaine est tenu d'assurer aux marins malades un logement et des soins convenables aux marins malades.

---

(1) *Black Book*, III, pp. 199-201.

(2) *Ibid.*, I, p. 14.

(3) Art. 6. — « Les marins s'engagent envers leur maître, et si certains d'entre eux quittent le navire sans autorisation et s'enivrent, font du tapage ou se querellent et se font ainsi du mal, le capitaine n'est pas tenu de les faire soigner, ni de pourvoir à leurs besoins. Il peut même les chasser du navire et en engager d'autres à leur place et, s'il doit payer des salaires plus élevés aux nouveaux marins qu'aux anciens, ceux-ci paieront l'excédent, si le capitaine trouve des biens leur appartenant. Mais si le capitaine les envoie en expédition pour le profit du navire et qu'ils se fassent du mal ou qu'on leur en fasse, ils seront soignés aux frais du navire. Tel est le jugement. » *Ibid.*, I, p. 217.

(4) *Ibid.*, II, p. 217.

(5) *Ibid.*, III, p. 239.

Il y a toutefois dans différentes éditions des solutions divergentes sur le point de savoir si des retenues, peuvent être opérées sur les salaires en raison des prestations ainsi fournies.

D'une façon générale, malgré certaines rigueurs telles que le fait de ne recevoir qu'un seul repas par jour, s'il a de la « boisson à l'aller et au retour » ou encore interdiction d'enlever ses habits, sous peine de sanctions sévères, lorsque le navire est au port d'hivernage (Coutumes de la Mer, 1494, art. 125) (1), le marin du moyen âge était dans tous les pays protégé dans une large mesure contre son employeur. Cela s'explique en partie par la situation du marin qui n'était pas uniquement engagé pour faire naviguer le navire, mais était souvent intéressé à l'expédition, dans la mesure fixée par la coutume, d'après la grandeur du navire et l'importance de l'équipage. Les conditions de son engagement contribuaient à lui assurer une situation bien souvent supérieure à celle des hommes travaillant à terre. Naviguant sur toutes les mers, entrant en contact avec des marins d'autres nations et étant partie dans des procès jugés par des tribunaux étrangers, il apprenait rapidement les améliorations apportées au traitement des marins dans les différentes régions maritimes, et avait l'occasion de transmettre les renseignements qu'il possédait. Ce fut la première étape vers l'unification des lois maritimes sur une base internationale.

(1) *Black Book*, III, p. 233.

TABLE DES MATIÈRES

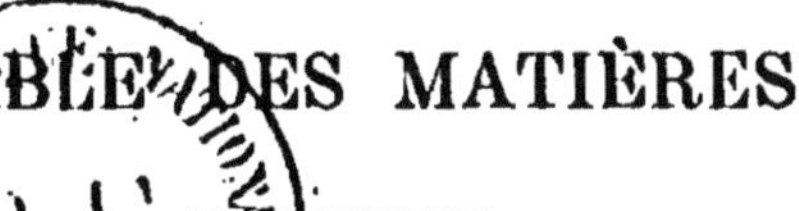

Imp. Henri Diéval, 57, rue de Seine, Paris.

www.ingramcontent.com/pod-product-compliance
Ingram Content Group UK Ltd.
Pitfield, Milton Keynes, MK11 3LW, UK
UKHW022031170726
13837UKWH00002B/527